# 农民
# 婚姻家庭法律知识

NONGMIN HUNYIN JIATING FALU ZHISHI

全国百佳图书出版单位
时代出版传媒股份有限公司
安徽人民出版社

图书在版编目(CIP)数据

农民婚姻家庭法律知识/周春霞编著.—合肥:安徽人民出版社,2016.3

ISBN 978 - 7 - 212 - 08639 - 8

Ⅰ.①农… Ⅱ.①周… Ⅲ.①婚姻法—基本知识—中国 Ⅳ.①D923.9

中国版本图书馆 CIP 数据核字(2016)第 048778 号

# 农民婚姻家庭法律知识

周春霞 编著

出版人:徐 敏      责任印制:董 亮

责任编辑:肖 琴 李 莉      装帧设计:宋文岚

出版发行:时代出版传媒股份有限公司 http://www.press-mart.com

安徽人民出版社 http://www.ahpeople.com

地　　址:合肥市政务文化新区翡翠路 1118 号出版传媒广场八楼　邮编:230071

电　　话:0551 - 63533258　0551 - 63533259(传真)

印　　刷:合肥杏花印务股份有限公司

开本:710mm×1010mm　　1/16　　印张:13　　字数:200 千

版次:2016 年 3 月第 1 版　　2019 年 10 月第 12 次印刷

ISBN 978 - 7 - 212 - 08639 - 8　　定价:25.80 元

# 目 录

# 第 一 章

## 农民婚姻的新变化

随着改革开放的进一步深入,中国社会经济急速发展,社会转型加剧,中国农村社会发生了巨变。这种变化是全方位的,它不仅仅体现在农村经济生活和政治生活领域,而且渗透到了农村社会文化价值层面,其中就包括农村婚姻习俗的变化。在市场经济的大背景下,农民的传统观念受到巨大冲击,而农民婚姻观的变化是其中重要的表现。婚姻观念的变化,实质上是社会生活变化的缩影。受市场经济的冲击和观念多元化的影响,农村家庭不和谐的因素不断增加,严重影响着农民家庭的稳定与社会稳定。研究农民婚姻观问题,解决农民婚姻家庭矛盾,促进农民婚姻幸福,是建设社会主义新农村的重要内容。农村家庭的和谐稳定也是整个社会和谐的重要方面。

# 一、"打工潮"提升农村结婚成本

**案例**

春节前刚给儿子完婚的安徽省阜南县村民王大爷算了一笔账:订婚下礼 4.8 万元;结婚彩礼 12 万元;家里没新房,被女方要去 25 万元房子钱;买汽车 10 万元;再加上家具家电、婚礼摆席、谢媒人钱,50 多万元没了。

社会调查发现,农村儿子娶媳妇,爹娘脱层皮的现象在很多地方普遍存在,很多农民直呼"娶不起"。

很多村民反映,女方的结婚条件一般是:离县城近的要在县城买一套房,远的要在村里盖一幢楼房;盖平房则不仅要盖主房、厢房,还要盖门房;彩礼普遍超过 10 万元;有的还要求买辆家用轿车。

一些地区农村还有彩礼要有"三斤"或者"万紫千红一片绿"的说法。前者是指百元人民币 3 斤(十四五万元);后者则

是"一万张紫色5元钞票,一千张红色百元钞票和一堆绿色50元钞票"(20万元左右)。

"天价"婚娶已成为许多农民的沉重负担,是部分农村家庭负债、致贫的主要原因。多地群众反映,父子辛苦数年打工积攒的钱仅够盖(买)房子,其他花费只能靠借,有的地方甚至出现了借高利贷结婚的个案。

专家表示,"天价"婚娶直接导致农村一批中老年人赤贫化。"有车有楼,家里还有两头老黄牛"是流传在冀豫一些村庄的一个说法,意思是除了"车"和"楼"这两样结婚必备品外,男方的父母若是身体健康,能像"黄牛"一样干活就锦上添花了。在安徽、河南一些县乡,"打工挣钱给儿子娶媳妇"成为很多农村中老年人主要的生活目标。

## 案例分析

专家认为,一些农村青年之所以"娶妻难",甚至很多地方农村家庭因婚致贫,有着多方面原因:一是在计划生育大背景下,重男轻女的传统观念导致一些农村地区人口性别比失衡,"物以稀为贵",致使结婚彩礼一路攀升,从几万元到几十万元,使父母经过各种途径辛苦攒下的钱全部一次性用在儿女结婚身上不说,还债台高筑。二是近年来农村青年大量进城,相比男青年,女青年留城较为容易,更适应城里生活,大多希望在城里安家,这更加剧了农村适婚青年性别结构失衡。三是攀比心理作祟。攀比也是导致农村结婚费用飞涨的重要原因。随着城乡交流加速,农村青年结婚花费有向城市青年看齐的倾向。一些农村富裕家庭结婚大操大办也引发其他村民竞相攀比,很多人都是打肿脸充胖子。

案例中"天价"婚娶现象也暴露出农村社会治理存在短板。专家认为,表面上看,这是一个农村风气问题,深层次上讲,则是由农村治理缺陷导致的农民行为缺乏引导和约束。鉴于这一现象对农民生活乃至农村风气所带来的不良影响，各地应主动应对、加强引导。

随着国家计划生育政策的放宽，农村地区男女性别比失衡问题会得以缓解。各地在农村地区尤其要加强宣传，倡导正确的生育观，严禁选择性生育。在中央"八项规定"精神的影响下，公务人员婚丧嫁娶大操大办的现象已得到有效遏制。要以此为契机，不断形成良好的示范作用，在全社会扭转奢靡之风。

同时要加强农村文化建设，开展新形势下的移风易俗，教育群众形成理性的婚嫁观。教育群众树立正确观念，积极倡导婚事新办、婚事俭办，形成文明、健康的新婚俗。

最后是加快培育农村社会组织，发挥农民自我教育和管理的作用。专家认为，"自组织"对群众人情消费具有约束和教化作用。在农村地区应加快培育类似红白理事会这样的社会组织，通过"自组织"的力量，加强村规民约等制度建设，约束村民行为，强化农村社会治理。

自上世纪80年代末开始，大规模兴起的进城打工潮让农村人口结构发生历史性变化。进入21世纪以后，由于大多数青壮劳力离乡进城，农村"空心化"越来越严重，留在家里的人群主要是妇女、儿童、老人，被社会称为"613899部队"。

进城打工，让众多农民走出大山，走出农村，走进城市，走上发家致富的道路，给农村婚姻带来巨大变化。大多数农民有钱了，结婚攀比现象越来越严重，农村娶媳妇成本大大上升。目前，农村家庭娶一房儿媳妇动则要花费10万、20万甚至50万～60万，这让农村婚姻出现两极分化，一是部分家庭可以挑三拣四，一是部分家庭无力娶亲。对于大多数经济薄弱的农村家庭，即使娶了儿媳妇，农村父母也背负巨额债务，娶一房媳妇，倾一生积蓄。儿子成家，父母一夜返贫。

现在，农村家庭经济状况对婚姻的干预力度加大。有房有车似乎成了结婚的必要条件，许多小青年为了终身大事，俯首甘为"房奴""车奴"。同时，随着城镇化进程的加快，许多发家致富的农村家庭纷纷进城购置房产，这也成为许多农村家庭结婚娶妻的一项条件。但是，婚后男女双方一旦出现感情破裂，也带来许多房产纠纷。

## 二、开放潮流推动"未婚同居"普遍化

### 案例

90后小青年张某与邻村女孩王某外出打工时经朋友介绍相识，交往大半年后双方订下了婚约，欢天喜地地在打工所在地某酒店举行了仅由双方父母及几个熟悉的朋友参加的小范围订婚仪式。张家应王家的要求，按照当地习俗送给王某彩礼现金12万元及金首饰一套价值3万元。随后王某便住到了张家，与张某开始同居。数月后王某查出怀孕，张家非常高兴，多次催促张某与王某办理结婚登记。但王某此时发现彼此对过去了解不够，同居后才发现双方性格不合，经常因为一点小事而吵架，偶尔还要打架，于是不愿与张某办理结婚登记，并自行到某医院做了人工流产手术，花费医疗费6000元。王某提出分手后，便回了自己家。过了段时间，张某和张父便提着补品来到王家，请王某回去。张父当着王家的面，劈头盖脸把张某骂了一通，并且赔了不是。于是王某心一软，就又回去了。但是好景不长，两人又闹崩了。王某再次提出分手，回到了自己家。

张某最终表示同意，但认为既然双方没有进行结婚登记，王某应当返还其此前给予的彩礼。因两家人协商不成，张某诉

至法院,要求王某退还婚前彩礼12万元及首饰一套。

王某辩称二人已经同居一段时间,自己怀孕受到伤害并且是因为张某存在过错,拒绝返还彩礼,同时还要求张某支付其人工流产的费用并赔偿其他损失。

**案例分析**

根据《最高人民法院关于适用〈中华人民共和国婚姻法〉若干问题的解释(二)》(以下简称《〈婚姻法〉司法解释(二)》)第十条:"当事人请求返还按照习俗给付的彩礼的,如果查明属于以下情形,人民法院应当予以支持:(一)双方未办理结婚登记手续的;(二)双方办理结婚登记手续但确未共同生活的;(三)婚前给付并导致给付人生活困难的。适用前款第(二)(三)项的规定,应当以双方离婚为条件。"此项规定确定了彩礼是否返还的判断标准,应看双方是否缔结了婚姻关系并共同生活,这两项条件缺一不可。本案中张某与王某虽同居但未登记结婚,很显然,给付彩礼是以结婚为条件的赠予行为。在本案中,给付彩礼的行为正是"以缔结婚姻关系并共同生活为目的"。对于这一点,实际上从风俗习惯及社会认知的角度看,张某与王某都是明知的。

其次,这类案件中,很多人主张使女方怀孕、对女方施暴、对女方家长不敬、生活习惯难以调和等原因导致分手均是对冲给付责任的过错事由,而主张无须返还彩礼,这是没有依据的。给付之诉中的过错事由必须是导致行为目的不能实现的直接事由。就婚姻而言,如果张某隐瞒不能结婚的事由或有虚构年龄等欺诈事实而导致婚姻无法缔结,张某就应当承担相应的过错责任,失去请求返还彩礼的权利。而对于其他原因介入造成不能缔结婚姻的间接事由,都不能成为对冲给付责任的过错事由。因此,张某可以要求王某返还上述彩礼。

再次,本案中,张某以存在同居事实并且导致怀孕作为返还彩礼之诉的抗辩事由,并且认为在男女恋爱中,女性通常处于弱势的一方,更容易受到伤害,因而法律应当对其额外关照,这说法是站不住脚的。法律对道德与社会生活具有强大的导向、引领作用,因而法律所保护的对象必须是合法的权利与社会关系。我国法律是排斥未婚同居行为的,如果因未婚同居而减免法律责任,必会冲击现行的法律及社会道德体系。况且,双方的同居行为若出于自愿,则是双方均有得失的行为,不存在侵权赔偿问题,若非出于自愿,则可以由公安局刑侦部门来解决。

最后,返还彩礼属于违约之诉,而要求赔偿属于侵权之诉,是两个不同的法律关系,如果王某提出要求赔偿可以搜集证据另行起诉。

法院审理后对该案经过调解,无果,最终作出如下判决:王某在判决生效后 10 日内返还张某所送婚前彩礼现金 12 万元及首饰一套。

在上世纪 90 年代以前,90%以上的农村人都还遵循"婚前无性"的老传统。如果有人"未婚同居",会被视为伤风败俗。时代变化,让年轻人更加开放,未婚同居已是习以为常。

"要是在我们那个年代,出了这事,可要被人戳脊梁骨的。再往上几代,还要浸猪笼呢。"郭大妈看着女儿小夏微微隆起的肚腩,有些尴尬地说。小夏中专毕业后,便去了大城市,没想到工作刚刚稳定,和男友同居的她居然怀孕了。她和男友商量之后,决定立刻结婚,把孩子生下来。对于母亲的尴尬,她丝毫不以为意:"奉子成婚怎么啦?现在这可叫'双喜临门'呢,时代不同了!"

由于人们观念的变化,每个时代的婚姻都打上了各自不同的烙印。从包办婚姻到自主婚嫁,农村人的婚姻状况随着时代发生了翻天覆地的变化。但是,冲动型婚姻越来越多,带来许多社会问题。闪婚和闪离频频出现,婚姻似乎只是一张纸片,想撕就撕。

但实际上,婚姻不只是一张纸片,甚至不只是两个人的契约,更是代表了两个人的结合,乃至两个家庭的结合,将其定为"终身大事"一点都不为过。因此"婚姻"所引发的话题一直备受人们关注,关于其问题也似乎从未停息。

"冲动型婚姻"的后果,是许多非婚子女的出生,或者单亲家庭的出现。一旦男女双方没有走到一块,或者夫妻离婚,很容易牵涉孩子的抚养权纠纷和家庭财产的分割。

# 三、"空心化"带来留守危机

**案例**

苏琳是一个漂亮而又贤惠的女人,自从嫁给李军后勤俭持家,日子过得是有滋有味。婚后不到一年,小家庭中又增添了一个女儿,这让全家更是其乐融融。2012年1月,因镇上厂子效益不好,李军辞职与村里老乡一起去南方打工。

多一张嘴就多一份开销,只身在外的李军深知养家之苦,于是只能每日拼命地工作,以换取每月的一沓沓钞票,然后又通过邮局电汇给千里之外的妻子手中。因为顾家爱妻儿,这让李军在老乡同事中口碑很好,大家休息时总是常常夸他是个好丈夫。

然而,辛苦又感到美滋滋的李军在两个月后渐感不悦,因为久别离家,没有女人的陪伴,心中总感有些失落,尤其是在上下班回宿舍的路上,每当看到一对对情侣依依相偎、窃窃细语的时候,李军就想起了远方的妻子。可是,他好几次晚上打电话回家想与妻子温情的时候,电话中的妻子总是以忙为由简聊几句就挂断电话。同时,妻子还告诉他,要安心工作,多挣钱,

自己先存起来。李军很纳闷,虽然心中不悦,但是他还是自我安慰,等春节回家后就可以团聚了。此后,他便没打电话回家,更多的时间是忙于加班挣钱。

李军的工作是公司里最繁忙的工种,由于公司业务繁忙,因此,2013年春节并未放假,李军虽然感到失望,但是一想到加班可以得到双倍工资后心里平衡了少许,他决定,等五一放假再回去。然而,令他没想到的是,在2013年4月的一天,他的美梦被彻底惊醒了。

那天,刚刚穿上工作服准备上班的他被一个电话搁住了,电话是一位好友打来的,而且是恭喜他的:"好家伙,生个儿子也不请我喝酒!"李军笑了:"我啥时候生儿子啦?""哟,你这家伙就喜欢藏着掖着,等你回来别忘了喊我啊……"

那天,他没多想,总以为是朋友拿他开涮了,下班回到宿舍,李军左思右想,不对啊,朋友的话不像开玩笑。于是,他又拿出手机,拨打了另一位好友的电话。还没等他说啥,电话那头一声责怪:"你可想到给我打电话啦!说吧,啥时候过去喝喜酒?"李军的手颤抖着,手机也掉到了地上,热血迅速涌向了大脑……

他在第二天下午回到了家,一进村口,村民便向他道喜,他感到万针穿刺着脑袋。拖着沉重的脚步,他艰难地跨进了久违的家。妻子正在看着电视,怀中抱着一个用毯子包裹着的婴儿。看到丈夫回来了,苏琳惊恐地看着李军,嘴角颤抖,还没等她开口,李军一个巴掌狠狠地拍了过去……那一夜,李军咆哮了,他哭了,并且摔坏了家里很多东西。

据苏琳交代,这婴儿是她与邻居张某所生的。苏琳说,在李军走后第二个月的一天晚上,张某以串门拉家常为由,诱惑苏琳与其发生了性关系。此后,由于本身也有性需求无从释放,两人便混到了一起。上个月,苏琳生下了一男婴。为了遮人耳目,他们对外谎称这孩子是李军的,苏琳还将这男婴的户口也安落到了自己家。

李军明白了事情原委后,感觉自己受到了极大的侮辱,坚决不原谅苏琳,双方最终通过诉讼离婚。

**案例分析**

留守妇女守空巢现象在广大农村并不少见,由此产生的农村留守妇女离婚案件也急剧攀升。农村留守妇女离婚给家庭和社会都带来了一系列负面效应。在农民工外出打工、带领家庭走向富裕的情况下,如果处理不好婚姻问题,导致家庭支离破碎,最终会影响到社会的发展。法院在立案时要加大释明力度,对婚姻法及此类纠纷中经常出现的误区在立案时对留守妇女予以重点提示,明确诉讼意图和诉讼请求,必要时指导其寻求法律援助,以保证案件及时公正地审理,维护留守妇女合法权益。在审理时加大调解力度,找出双方离婚的症结,通过摆事实、讲道理、释法律,促成双方自愿达成调解协议;同时积极发挥人民调解组织和当地村委会的优势,与基层组织联动协调,及时化解矛盾。

要加强对无过错方的保护。审理留守妇女离婚案件时,一旦发现对方有不忠于婚姻、不尽扶养义务等情形,正确适用少分或不分的办法,不让恶意离婚者在经济上得到便宜。

进城务工,挣钱养家。由于夫妻分居导致空巢老人、留守儿童、留守妇女大量产生,这也成为时代发展的阵痛,给许多家庭的婚姻带来不幸。

农村留守妇女离婚案件增多的原因是多方面的:首先婚姻基础不牢。在农村,婚姻大多是通过媒人说合缔结,双方在婚前没有充分地了解和认知便步入婚姻,成立家庭;婚后婚姻基础差,加之男方婚后外出打工,双方缺乏沟通,因性格不合、感情不和等原因造成遇到意见不一致时,双方就会轻易离婚。其次是发生婚外情。因男方长年在外打工,生

活环境产生极大反差,或者价值观、人生观、婚姻观有了改变,对婚姻有了新追求,或者受到种种诱惑,难以把持以致产生婚外情。也有少数男性打工者有了情人后,为达到离婚目的,虽不主动要求与妻子离婚,但长期不履行夫妻义务,对家庭不管不问,迫使女方提出离婚。这类案件目前在农村逐渐增多。三是因家庭琐事争吵不休。农村男女一般文化层次不高,夫妻间产生隔阂后不能及时沟通;加之家庭关系复杂,双方父母也参与其中,与家庭其他成员不和睦也易产生夫妻矛盾,一旦双方因意见不一致而产生分歧,又不能互相包容忍让,便会导致夫妻感情恶化,进而以离婚收场。四是夫妻同步发展失衡。外出打工者面对多元化的外界环境,原本固有的思想观念开始改变,而在家里围着老人、孩子转的留守妇女仍固守旧观念,导致两人思想分歧严重,夫妻之间的共同话题和兴趣也越来越少,更加容易引起纠纷。

农村留守妇女权益保护不再是个人问题,而是一个社会问题,必须采取相应的对策加以控制,切实保护农村留守妇女的合法权益,让她们平静的生活远离婚姻的伤害。法院作为审判机关,承担着维护公平正义、促进社会和谐稳定的神圣职责,在保护农村留守妇女权益方面要充分考虑她们的生产、生活条件和生理、心理特点,办好每一起农村留守离婚案件,维护好每一位留守妇女的合法权益。

适应时代变局,法律成为婚姻维权的最佳武器。《婚姻法》从新中国成立以来,已经随着时代的发展修改了多次,最近一次是在2001年,而2011年又对《婚姻法》的修订版进行了新的解释。

什么情况不可以结婚? 结婚前的婚前协议怎么签订? 家里的房产算谁的? 婚后有第三者怎么办? 什么情况下可以离婚? 这些问题不仅是人们关注的焦点,也是《婚姻法》关注的焦点。而由于《婚姻法》的修订,这些问题的"答案"也随着时间的推移有着或多或少的变化。本书即是通过对最新修订的《婚姻法》的解读,通过对农村居民婚姻方面的问题进行解答,从而帮助人们维护和争取自身的婚姻权益。

# 第 二 章

# 新《婚姻法》概述

对婚姻关系的立法,在我国由来已久。不同的年代,《婚姻法》在法律体系中都有着不同的地位。而我国新《婚姻法》是于 2001 年 4 月 28 日第九届全国人大常委会第二十一次会议中通过的,并在公布之日起施行。新《婚姻法》在坚持原有的立法精神的前提下,进一步强化了《婚姻法》的基本内容,对家庭暴力、无效婚姻和重婚,以及夫妻财产制、可撤销婚姻、离婚损害赔偿等做了进一步的补充和规定。

新《婚姻法》的内容分为总则、结婚、家庭关系、离婚、救助措施与法律责任、附则等六部分,共 51 条。

新《婚姻法》颁布施行以来,十年多时间内,最高人民法院又陆续通过了三部适用于《婚姻法》问题的司法解释。第一部司法解释于 2001 年颁布,主要包括无效婚姻和可撤销婚姻的处理程序及法律后果、提出中止探望权的主体资格、子女抚养费、离婚损害赔偿等问题。第二部司法解释的颁布是在 2003 年,主要针对彩礼应否返还、夫妻债务处理、住房公积金及知识产权收益等款项的认定、军人的复员费及自主择业费的处理等问题。

而最新的一部,即 2011 年 7 月 4 日由最高人民法院审判委员会通过并公布,8 月 13 日起施行的《〈婚姻法〉司法解释(三)》,则是针对现代婚姻关系中普遍存在的问题如财产分割、婚前贷款买房子、夫妻之间赠予房产、亲子鉴定等争议较大的问题作出了细致的解释,共 19 条。

## 一、《婚姻法》的基本原则

《婚姻法》的基本原则是婚姻家庭法规的基本精神,是婚姻家庭法操作适用的基本准则。具体基本原则共五项:婚姻自由原则;一夫一妻原则;男女平等原则;保护妇女、儿童和老人的合法权益原则;实行计划生育原则。

### (一)婚姻自由原则

婚姻在古代都是需要有父母之命、媒妁之言的。正如古代很多夫妻都是直到结婚当天才第一次见到自己的另一半。这样的习俗直到近代改革开放前,都被广泛流传和使用。但是,对于夫妻来说,这样的婚姻也许并不是自己所想要的,自己无法选择自己的另一半,这就造成了夫妻间的很多悲剧,很多青年男女因无法追寻到自由的婚姻而双双殉情。后来,人们逐渐认识到,婚姻应该是以爱情为基础的,而不是由其他人做主,因此,对于现代人来说,追求婚姻自由是每个公民的美好愿望以及与生俱来的权利。因此,《婚姻法》中体现的首要原则就是婚姻自由原则。

婚姻自由又称婚姻自主,是指婚姻当事人享有自主地决定自己的婚姻的权利。婚姻当事人按照法律的规定,有权基于本人的意志,自主自愿地决定自己的婚姻问题,不受他人的干涉和强制。

婚姻自由包括结婚自由和离婚自由。结婚自由,就是结婚须男女双方本人完全自愿,不许任何一方对他方加以强迫,或者第三人加以干涉。保障婚姻自由,是为使男女双方能够依照《婚姻法》的规定,基于自己的意愿结成共同生活的伴侣,建立幸福美满的家庭。所谓离婚自由,是指婚姻当事人有权自主地处理离婚问题。双方自愿离婚的,可以协商离婚。一方要求离婚的,可以诉至法院解决。保障离婚自由,是为使无法维持的婚姻关系得以解除,当事人免除婚姻名存实亡的痛苦。

婚姻自由并不是代表一个人在自己的婚姻问题上可以随心所欲、放任自流,想"结"就"结",想"离"就"离",而是必须依照法律的规定处理婚姻事情,婚姻自由是要求每一公民都应当在法律规定的范畴内正确行使婚姻自由的权利。

以下列举几个干涉婚姻自由的行为:

## 1.包办婚姻

包办婚姻是指第三者（包括父、母）违反婚姻自主的原则，包办他人婚姻的违法行为，又称不自主婚。其主要形式有订娃娃亲等。包办婚姻的各种形式，包括娶童养媳、包办寡妇婚姻、转亲、换亲等，都是违法的，不具有法律效力。自主婚姻和包办婚姻的界限，以结婚是否出于当事人的意愿为根据。

而现代的包办婚姻，随着社会的发展，也呈现出不同的特点。多是第三者（包括而不仅限于父母）为双方的未来着想，安排双方相亲，促使双方尽快完成婚事。目前，现代包办婚姻的对象年龄层越来越低，随着在校大学生"被相亲"越来越普遍，现代包办婚姻正渐渐成为社会上解决婚姻问题的一个主要方式。

### 案例

1982年出生的小张来自安徽农村。他高大英俊，性格温和，却迟迟没有女朋友。眼看着身边儿子的同龄人很多都已结束恋爱长跑，走进婚姻殿堂，有些甚至成功升级为爸爸妈妈，而自己的儿子却连"对象"都没有，老两口心急如焚。为此老张到处求亲拜友，请人帮忙说媒。其实，小张也不是没有过心仪的对象，可他看上的都无法达到父母的理想儿媳妇标准。

最终，老张夫妻为儿子寻觅到了他们眼中的"理想儿媳妇"小孙。虽然此前跟小孙并不认识，小张为了不让父母担心，被迫答应婚事。但结婚后，小张和小孙因为没有感情基础，生活过得并不如意，两人在生活习惯、脾气喜好等各个方面都产生了摩擦。因婚前双方没有了解、交流、磨合，彼此并不能融入对方生活，因此结婚没有多久，就经常发生口角，后来更加升级为动手打架。最终，小张因不堪忍受没有爱情的婚姻和无休止的争吵，决定违背父母的意愿，与小孙协议离婚，结束二者为期两

年的婚姻。

**案例分析**

此事件是典型的当代包办婚姻的案例。小张的父母不顾小张的意愿,勉强两个没有感情基础的人结婚,而小张为了满足父母的心愿,违背自身意愿,不自主地结婚,最终导致了婚姻失败的悲惨结局。

在现代,类似的案例有很多。父母出于对子女的关心,很多时候选择督促念叨子女,勒令其完成婚姻大事,有时甚至代替子女参加相亲大会,自行决定孩子的伴侣和幸福。但这种方法很多时候取得了适得其反的效果。因此,要警惕现代环境下衍生的新形式的包办婚姻。

**2.买卖婚姻**

买卖婚姻是指第三人以索取大量财物为目的,包办强迫他人婚姻的违法行为。买卖婚姻与包办婚姻既有联系,又有区别,共同之处在于:两者都违背了当事人的意愿,对婚事实行包办强迫。不同之处在于:买卖婚姻是以索取大量财物为目的,而买卖婚姻则必定是包办婚姻。在认定婚姻的性质时,要注意区分包办和自主、包办者索取大量财物和当事人自愿赠予某些财物的界限。

**案例**

川北地区某男性村民吴某,年近三十岁,高中毕业后,虽未考上大学,但由于掌握了一门技术,收入较好,却因其貌不扬,相亲数次,屡次被拒。吴某的远方表亲杨某,家中有一女儿,年方二十,杨某看中吴某的收入可观,因此,在吴某与媒人带着礼物去杨家提亲时,便背着女儿一口答应了这门婚事,以为就此生活有了靠山,而且索要了一笔丰厚的彩礼。

随后,吴某送上了彩礼及结婚用品,但杨某的女儿知情后,坚决不同意与吴某结婚,要其父退回钱物,但遭到其父的打骂。女儿最终被逼与吴某登记结婚。

婚后,杨某的女儿仍誓死反抗,吴某便将她捆绑在床上,对其实施暴力。最终,杨某女儿的舅父向当地警方报案,要求解救外甥女。派出所将吴某拘留,解救了杨某的女儿。公安机关将吴某逮捕后,检察院向法院提起诉讼。

该县法院刑庭以吴某犯强奸罪判处有期徒刑四年,非法拘禁罪判处有期徒刑两年。而杨某以暴力干涉婚姻罪被判处有期徒刑一年,缓刑一年。吴某上诉,二审法院维持原判。

**案例分析**

本案中,杨某不顾女儿的反对,贪图财物,用打骂的手段强迫其女与吴某"结婚",实际上是将女儿当作商品出售,是典型的买卖婚姻行为。

现如今,买卖婚姻的事情在我国偏远的、不发达地区时常上演。由于家境贫困,很多家庭拿子女的幸福换取钱财,无视男女双方当事人的意愿。从法律上说,这严重侵犯了当事人的人身权利,是对婚姻自由原则的严重破坏,为《婚姻法》所禁止;从道德上说,不顾他人感受,把人当商品一样买卖,伤害了他人的情感,这种行为也是被道德所谴责的。

**3.借婚姻索取财物**

这是指缔结婚姻基本上是自愿的,但当事人一方向另一方索要一定的财物,以此作为结婚的条件。借婚姻索取财物是指婚姻关系本身是合法的,是建立在男女双方自愿的基础上的,但婚姻以感情为基础,借婚姻索取财物,将婚姻建立在追求金钱和物质享受的基础上,违背了法律的规定,是对婚姻自由权利的滥用。

在这里,要区别借婚姻索取财物与自愿赠予的区别。首先,赠予是男女或双方家庭间相互表达感情的方式,借婚姻索取财物是结婚的先决条件。其次,赠予出于自愿,借婚姻索取财物出于被迫。再次,赠予往往出于相互,但不排除单方赠予,借婚姻索取财物出于一方,不存在相互的

问题。

以上均为干涉婚姻自由的行为,这些做法是违反法律的,同时也是明令禁止的。而暴力干涉婚姻自由更应承担相应的刑事责任。

上文所举干涉婚姻自由的案例多涉及金钱方面的因素。如彩礼,中国旧时婚礼程序之一。我国自古以来婚姻的缔结,就有男方在婚姻约定初步达成时向女方赠送聘金、聘礼的习俗,这种聘金、聘礼俗称"彩礼"。但在《婚姻法》中,"彩礼"的表述并非一个规范的法律用语,人民法院审理的彩礼纠纷案件的案由按照有关规定被定为"婚约财产纠纷"。一旦双方最终不能缔结婚姻,则彩礼的处置问题往往引发纠纷,诉诸法院的案件也逐渐增多。因此,《婚姻法》中对于相关彩礼的返还,有明确的规定。

2003年12月4日,最高人民法院审判委员会第1299次会议通过《关于适用〈中华人民共和国婚姻法〉若干问题的解释(二)》(简称《〈婚姻法〉司法解释(二)》)中,对于彩礼的返还有如下规定:当事人请求返还按照习俗给付的彩礼的,如果查明属于以下情形,人民法院应当予以支持:①双方未办理结婚登记手续的;②双方办理结婚登记手续却未共同生活的;③婚前给付并导致给付人生活困难的。适用前款第②③项的规定,应当以双方离婚为条件。

当代社会的彩礼,并不仅仅是金钱,有时候是房子、车子。伴随着现在"无房无车不结婚"的拜金价值观盛行,我们仍应提倡,婚姻是建立在爱情的基础之上,而非金钱的诱惑。

## (二)一夫一妻原则

在中国古代,一夫多妻制延续了上千年。这种制度是男女不平等的表现,男人可以任意娶妻纳妾,可以休妻再娶,而女人只能待在家中,足不出户,相夫教子,但仍免不了人老珠黄之时被丈夫一纸休书,抛弃在外。这种封建的婚姻制度给家庭,尤其是女性,带来了莫大的伤害。新中国成立后,《婚姻法》的颁布,提出了婚姻家庭中的一夫一妻制度,每个公民,无论男女,都必须遵守。

一夫一妻制,是指一男一女结为夫妻的婚姻制度,也被称为个体婚姻制。这主要包括以下几点内容:①任何人,不论地位高低、财产多寡,都不得同时有两个以上的配偶;②已婚者在配偶死亡或双方离婚之前,不得再行结婚;③一切公开的、隐秘的一夫多妻或一妻多夫的两性关系都是非法的。

为了贯彻一夫一妻制,新《婚姻法》第三条第二款规定:"禁止重婚。禁止有配偶者与他人同居。"

在此,应注意两个法律概念:重婚和非法同居。这项行为严重破坏了一夫一妻制度和婚姻家庭幸福。

### 1.重婚

重婚是指有配偶的人又与他人结婚或以夫妻名义共同生活的行为,或明知他人有配偶而与之结婚或者与之以夫妻名义共同生活的行为。重婚包括法律上的重婚和事实上的重婚两种情况。法律上的重婚指前婚尚未解除又与他人登记结婚的,事实上的重婚指前婚尚未解除又与他人形成事实婚姻的。根据有关司法解释,有配偶的人与他人以夫妻名义同居生活的,或者明知他人有配偶而与之以夫妻名义同居生活的,仍应按重婚定罪处罚。

《中华人民共和国婚姻法》第四十五条规定,对重婚构成犯罪的,依法追究刑事责任。根据《中华人民共和国刑法》第二百五十八条的规定,有配偶而重婚的,或者明知他人有配偶而与之结婚的,处二年以下有期徒刑或者拘役。

### 2.非法同居

非法同居是指当事人双方秘密或公开地以通奸、姘居或同居为形式而结合的违法两性关系。非法同居本质上是一种违法行为,当事人之间不存在婚姻关系,也不产生婚姻法上夫妻间的权利义务关系。

在当代社会,随着物质生活水平的日益提高,越来越多的人不满足于家庭的温暖安定,继而寻求外界的"新鲜的刺激","包二奶""婚外同居"现象愈来愈严重。在外出打工群体中,由于夫妻长期分居,不少打工城市出现了农村男女组建临时夫妻搭伴过日子的现象。而这些现象背后涉及的不仅仅是道德上的伤风败俗,有时候也是法律层面的违法乱纪。例如,现在的重婚、非法同居等都涉及财产的分配、私生子的抚养等多方面的问题,不仅破坏合法婚姻的幸福,还可能会影响社会稳定。

## 案例

河南农村张伟(男)进城务工后当上公司经理,喜欢上女秘书郑玲。郑玲明知道张在农村老家有妻子,但经不住张的诱惑与之同居,两人在郑玲的家乡又进行了结婚登记。而后,张以自己的名义购买了一套价值50万元的商品房,供自己和郑玲居住。

张伟的合法妻子王珊发现了丈夫与郑玲重婚的事实,愤然提出离婚,并控告两人的重婚罪,同时要求分割商品房。而郑玲提出商品房是张与她同居期间买下并供两人用的,她可得一半产权。

法院受理后,查明了张伟与郑玲的重婚与商品房是用张的钱买的事实,据此,法院以重婚罪判处张伟有期徒刑一年,判处郑玲有期徒刑六个月,驳回了郑玲要求分割商品房产权的起诉,把商品房作为张伟和王珊的夫妻财产予以分割。

## 案例分析

从以上案例可以看出,张伟二次婚姻登记,已经属于法律上的重婚,因此,与郑玲的婚姻是无效的。而从财产分割上说,由于婚姻无效,郑玲无法分割张伟的房产权。而该商品房是在张伟与王珊二者婚姻期间,由张伟本人购买,因此属二者共有财产,二者离婚时应予以分割。关于张伟、郑玲的婚姻属于无效婚姻。

### 3.无效婚姻

无效婚姻,是指欠缺婚姻成立的法定条件而不发生法律效力的男女两性的结合。简单地说,无效婚姻属于违法婚姻,并自始无效。无效婚姻的法定情形有以下几种:①重婚的;②有禁止结婚的亲属关系的;③婚前患有医学上认为不应当结婚的疾病,婚后尚未治愈的;④未到法定婚龄的。如遇到以上四种情形中的一种或几种,则视为无效婚姻。

对于无效婚姻的申请、程序、判定,和一般的离婚程序不同。

申请宣告婚姻无效的法定主体可以是婚姻当事人及利害关系人(包括当事人的近亲属及相关单位),而不同的法定情形,其利害关系申请人有不同。而一般的离婚的法定主体必须是婚姻关系双方当事人。

(1)申请婚姻无效的程序。

首先,请求宣告婚姻无效的当事人或利害关系人向人民法院提出申请;其次,法院作出判决,收缴双方的结婚证,并将生效判决书副本寄送当地婚姻登记机关;最后,婚姻登记机关收到判决书副本后,应当收入当事人的婚姻登记档案。

(2)无效婚姻与离婚的区别。

| 区别 | 离婚 | 无效婚姻 |
|---|---|---|
| 性质 | 解除的是合法有效的婚姻关系 | 婚姻本身具有违法性 |
| 请求权主体 | 只能由婚姻关系双方当事人提出 | 除了可以由无过错一方当事人提出外,还可以由利害关系人提出 |

续表

| 区别 | 离婚 | 无效婚姻 |
|---|---|---|
| 行使请求权的时间 | 只能发生在双方当事人生存期间 | 既可以在双方生存期间,也可在当事人死亡后行使 |
| 程序和方法 | 既可依诉讼程序进行,也可依行政程序进行 | 只能依诉讼程序进行 |
| 法律后果 | 引起双方身份关系的消灭、夫妻共同财产的分割、离婚过错损害赔偿、离婚后对困难方的帮助等法律后果 | 只是对违法婚姻的否定,同居期间的财产按共同共有处理等 |
| 溯及力 | 自婚姻关系解除之日起生效 | 宣告溯及既往,该项婚姻自始无效 |

**案例**

吴某与李某系同村,2004 年 4 月,两人经人介绍相识,后来来往甚密。2008 年 5 月,吴某去济南一家工厂打工,两人互有书信来往。不久,吴某因工作出色,被提拔为副厂长。工作中,吴某认识了同乡刘某,交往中产生了感情。但是,吴某感觉到这样做对李某是不公平的,这使吴某陷入两难的境地。2009 年 10 月,吴某之父在其年龄不到法定婚龄的情况下,为吴某在黑市上买了一张假身份证,吴某、李某随即登记结婚。2010 年 11 月,他们生了一男孩。婚后,吴某继续保持与刘某的暧昧关系,直至两人以夫妻名义公开同居。吴某觉得与李某的婚姻无法再维持下去了,2013 年 5 月,吴某诉至法院要求离婚。7 月,一审判决宣告原被告之婚姻无效。

**案例分析**

本案事实非常清楚,吴某不到法定婚龄,利用伪造的身份证骗取结婚登记,根据《婚姻法》第十条之规定,原被告婚姻无效,应当解除,并由婚姻登记机关给予行政处罚。但是,本案中有几个问题值得探讨。一是本案中,原告起诉时,已达到法定婚龄,法院能否再宣告无效呢?一种意见认为如果无效事由消除以后再宣告婚姻无效,将会产生不良的社会效果和法律效果,对这种情况,应在司法解释中作出除外规定,即在向有关机关提出婚姻无效时,对无效事由已消除的,不得宣告该婚姻无效,以保护妇女和儿童的合法权益。另一种意见认为,为维护法律的严肃性,即使无效事由消除以后,有关机关也应依法宣告其婚姻关系无效。《婚姻法》第十条规定,只要存在所列举的情形的,就应当是无效婚姻,司法解释不能改变法律规定。无效的婚姻,一般情况下,是当事人采用欺骗的手段获得婚姻登记的,对于这种欺骗行为,《婚姻登记管理条例》第二十五条也明确规定其行为无效。宣告无效既可以惩罚当事人,又可以对社会有一定的警示作用。宣告无效以后,如无效事由已消除,双方可以重新办理登记手续。二是婚姻无效的法律后果。《婚姻法》第十二条规定,无效或被撤销的婚姻,自始无效。当事人不具有夫妻的权利和义务。同居期间所得的财产,由当事人协议处理;协议不成时,由人民法院根据照顾无过错方的原则判决。对重婚导致的婚姻无效的财产处理,不得侵害合法婚姻当事人的财产权益。

## (三)男女平等原则

男尊女卑、夫权统治是古代封建社会的主要特征。无论是社会地位,还是婚姻家庭中的地位,女性总是被动的、低下的,要遵守三纲五常,更要以夫为天,这种封建式婚姻制度在中国延续了数千年之久。而《婚姻法》的颁布,规定了男女平等的原则,这个原则是《宪法》所确认的男女平等原则在婚姻家庭关系上的体现。

男女平等原则主要表现在以下几个方面:第一,男女双方在缔结和终止婚姻关系上地位平等,双方都等同地享有婚姻自主权;第二,夫妻在人身关系和财产关系上的权利义务平等;第三,父母在抚养教育子女方面的权利义务平等;第四,不同性别的家庭成员间的权利义务平等。

首先,男女双方在结婚和离婚问题上的权利和义务是平等的。双方都依法享有婚姻自由(包括结婚自由和离婚自由)。要求结婚的男女,都必须符合法定条件、履行法定程序;登记结婚后,根据双方约定,任何一方都可以成为对方家庭的成员;离婚时,双方在子女抚养、财产处理等方面的权益同样受法律的保护。

其次,夫妻在婚姻关系存续期间的人身关系、财产关系上的权利和义务是平等的。比如,夫妻有平等的姓名权,双方都有各用自己姓名的权利;夫妻有平等的人身自由权,双方都有选择职业、参加学习和社会活动的自由;夫妻双方都有实行计划生育的权利和义务;夫妻双方都有监护、抚养、管教未成年子女的权利和义务;夫妻双方应当协商确定其住所;夫妻双方应当互敬、互爱、互相忠实、互相扶养,共同承担家庭生活费用,共同承担家务劳动;夫妻对共同所有的财产有平等的处理权;另有约定的,从约定。

再次,父与母、子与女以及其他不同性别的亲属,在家庭中的权利和义务也是平等的。比如,父与母都有抚养、教育、管教和保护未成年子女的权利和义务;都是未成年子女的监护人;在法定的扶养权利人、扶养义务人、法定继承人的顺序上都是相同的。子与女都有赡养扶助父母的义务;在法定的扶养权利人、扶养义务人、法定继承人的顺序上都是相同的。祖父与祖母、外祖父与外祖母、孙子与孙女、外孙子与外孙女、兄弟与姊妹,都有平等的权利和义务。总而言之,家庭成员依法享有的权利和依法承担的义务,均不因性别的不同而不同。应当指出的是,男女平等并非要求男女在体力、劳动强度上绝对的对等,而是要在法定的权利义务上消除一切对妇女的歧视。

**案例**

广东省东莞市某农民齐江与邻村女孩林媛于 2005 年恋爱结婚。林媛是个积极上进、性格开朗的姑娘,她努力工作,勤俭持家,而且能歌善舞,多才多艺。农闲时节,林媛进城打工。她不仅是公司里的生产能手,也是文艺活动的骨干。丈夫齐江婚后却总想把妻子拴在自己身边,不让妻子参加各种正当的活动,也不支持妻子的工作和学习。有时,妻子加班或者参加学习回来晚了,他就刨根问底,疑神疑鬼。妻子被公司评为先进工作者,他就讽刺妻子出风头,甚至说被某某领导看上了。妻子去参加文艺演出,他就大发雷霆,说那不是正经人干的。有一次,齐江看到林媛跟别的男人说了句话,就说妻子有外遇,不等林媛解释,他就破口大骂。林媛的行动自由受到了限制,还经常受到无端的猜疑,心情很压抑,倍感人格受辱。久而久之,齐江与林媛两人的感情逐渐疏远。2005年,林媛终因不堪忍受丈夫的狭隘和猜忌,向法院起诉离婚。法院经调解无效,判决二人离婚。

**案例分析**

在此案例中,触及的是丈夫干涉妻子的人身自由权。这个案例可以说是电视剧《不要和陌生人说话》的真实版本。现代社会,随着女性社会地位的提高,以前男主外、女主内的家庭关系发生了变化,女性不再是男性的附属品,女性有独立、平等、自由的人格,有权利去参加各项法律规定范围内的活动。我国《婚姻法》中规定夫妻在家中地位平等,又规定了夫妻双方都有参加生产、工作、学习和社会活动的自由,一方不得对他方加以限制和干涉。这是现代婚姻关系中男女平等的一个重要体现,也是重要保障。

## (四)保护妇女、儿童和老年人的合法权益原则

特别保护妇女、儿童、老人的权益,是《婚姻法》的一项重要原则。特别保护妇女的权益和实行男女平等是一致的。社会主义制度使妇女获得了同男子平等的权利,但重男轻女的旧习俗不可能在短时期内完全消除。因此,法律不仅要规定男女平等,还要根据生活的实际情况,对妇女的权益给予特殊的保护。《婚姻法》中规定保护妇女的内容十分广泛。如该法特别规定:"女方在怀孕期间、分娩后一年内或中止妊娠后六个月内,男方不得提出离婚。"特别保护妇女权益,对于促进妇女的彻底解放,发挥她们在建设祖国中的"半边天"作用,有着重要意义。

保护儿童,是培养革命接班人的需要。《婚姻法》规定:父母有抚养

子女的义务,这种义务不因离婚而免除,保障婚生子女、非婚生子女、养子女、继子女的权益,禁止溺婴、弃婴和其他残害婴儿的行为。《收养法》规定,禁止借收养名义拐骗、买卖儿童。《民法通则》则为未成年人设立了监护制度。这些都是对儿童的法律保护。抚育子女,是父母不可推卸的天职。父母要关心子女的身心健康,履行抚养职责,使子女在德、智、体、美、劳诸方面全面发展。

特别保护老人的权益,是社会主义家庭的重要任务。赡养老人,是我国人民的美德。父母为了子女的健康成长,长期付出了辛勤的劳动,尽了自己的职责。当他们年老多病、丧失劳动能力或生活发生困难的时候,子女就要承担起赡养的义务。社会主义社会的赡养与封建的孝道,有着本质的不同。在社会主义制度下,对老人的生活照顾,首先是国家、集体承担的,但国家、集体的物质帮助不能取代家庭成员对老人的赡养责任。作为子女要自觉履行赡养义务,尊老养老,使老人安然度过晚年。

## (五)实行计划生育原则

推行计划生育是我国的一项基本国策,也是婚姻家庭制度的又一原则。夫妻应当履行计划生育的义务。收养子女,也要符合计划生育的原则。实行计划生育,是社会主义制度下有计划地调节人口再生产的客观要求。我国现有 13 亿多人口,只有有计划地控制人口繁衍,使人口增长同社会经济发展计划相适应,与生态环境的保护相协调,才能使国民经济得到大的发展,人民生活得到明显改善,全民族的科学文化水平和健康水平得到更大的提高。

《中华人民共和国宪法》第二十五条明文规定:"国家推行计划生育,使人口的增长同经济和社会发展计划相适应。"《宪法》第四十九条规定:"夫妻双方有实行计划生育的义务。"而《婚姻法》则将计划生育作为一个基本原则确立在总则之中。

计划生育对人口的出生增长实行计划调节和控制,以实现人口与经济、社会的协调发展。一个汉族家庭或一对汉族育龄夫妇有计划地安排生育孩子的时间和数目,以适应家庭和社会的需要;在一定社会范围内(如国家或地区)有计划地安排人口出生的数量和确定生育对象,即对人口发展进行有计划的调节,使人口发展同经济、社会资源、环境的发展相协调,维护公民的合法权益,促进家庭幸福、民族繁荣和社会进步。

实行计划生育是根据马克思主义关于物质资料生产与人类自身再生产应该相适应的原理,结合当时我国国情而制定的决策。20 世纪 70 年代初以来中国政府开始大力推行计划生育,提倡晚婚晚育、少生、优生,从而有计划地控制人口。1978 年以后,计划生育成为我国的一项基本国策。到 21 世纪初,计划生育政策又作出了一些调整。

2015 年 10 月 29 日,十八届五中全会公报对我国实行了 30 年的"一夫一妻只生一个孩子"的规定做出重大改变,提出:"促进人口均衡发展,坚持计划生育的基本国策,完善人口发展战略,全面实施一对夫妇可生育两个孩子政策,积极开展应对人口老龄化行动。"

2015 年 12 月 27 日,第十二届全国人民代表大会常务委员会第十八次会议决定对《中华人民共和国人口与计划生育法》作出修改,计划生育新政策 2016 年 1 月 1 日起施行。

新修改后的《人口与计划生育法》第十八条规定:"国家提倡一对夫妻生育两个子女。符合法律、法规规定条件的,可以要求安排再生育子女。具体办法由省、自治区、直辖市人民代表大会或者其常务委员会规定。少数民族也要实行计划生育,具体办法由省、自治区、直辖市人民代表大会或者其常务委员会规定。夫妻双方户籍所在地的省、自治区、直辖市之间关于再生育子女的规定不一致的,按照有利于当事人的原则适用。"

新的《人口与计划生育法》删除了奖励晚婚晚育的条款,规定符合规定生育子女的夫妻,可以获得延长生育假的奖励或者其他福利待遇等内容。

## 二、《〈婚姻法〉司法解释(三)》

### (一)涉及内容及相关分析

#### 1.婚前贷款买房,离婚时该归谁

近年来房价飙升,离婚案件中,按揭房屋的分割是焦点问题之一,

如果仅仅机械地按照房屋产权证书取得的时间作为标准,划分按揭房屋属于婚前个人财产或者是婚后夫妻共同财产,可能对一方显失公平。

《〈婚姻法〉司法解释(三)》首次明确离婚案件中一方婚前贷款购买的不动产应归产权登记方所有。近年来,房产增值速度惊人,可能婚前买的房几年后的市场价就翻番甚至几倍增长。对按揭房屋在婚后的增值,应考虑配偶一方参与还贷的实际情况,对其做出公平合理的补偿。

该司法解释第十条规定:夫妻一方婚前签订不动产买卖合同,以个人财产支付首付款并在银行贷款,婚后用夫妻共同财产还贷,不动产登记于首付款支付方名下的,离婚时该不动产由双方协议处理。依前款规定不能达成协议的,人民法院可以判决该不动产归产权登记一方,尚未归还的贷款为产权登记一方的个人债务。双方婚后共同还贷支付的款项及其相对应财产增值部分,离婚时应根据《婚姻法》第三十九条第一款规定的原则,由产权登记一方对另一方进行补偿。

**案例**

最近,北京市西城区人民法院适用该司法解释的一起离婚后财产纠纷案件经调解结案。原告钟先生和被告张女士原系夫妻关系。婚前张女士为购买涉案房屋缴纳了首付,婚后双方共同偿还房贷。2013 年,张女士以丈夫钟某下落不明为由起诉离婚,并得到法院支持。2015 年,被告张女士将涉案房屋出售。原告钟先生认为涉案房屋的产权系婚姻存续期间获得,应为夫妻共同财产,故提起诉讼请求法院对出售房屋所得的价款进行分割。而被告张女士认为涉案房屋应系自己个人的财产,不同意原告的诉讼请求。原被告双方在法官的主持下进行了调解,西城法院认为,根据《〈婚姻法〉司法解释(三)》第十条的规定,对于此涉案房屋,由于原被告不能达成分割协议,人民法院可以判决该房屋归产权登记的一方,对于双方婚后共同还贷支付的款项及其对应的财产增值部分,由产权登记一方对另一方进行补偿。经过法律释明和调解工作,最终原告钟某和被告张女士达成一致协议:涉案房屋归被告张女士所有,并由其给予原告钟某相应的补偿款。

**案例分析**

夫妻离婚时,最难以分割的财产就是房产。一些辛辛苦苦挣钱交首付、还房贷的年轻白领,因怕离婚后另一方分走一半房产,成了"恐婚族"。而新出台的《〈婚姻法〉司法解释(三)》婚前贷款买房归个人将之前《婚姻法》中诸多法律盲点明确化,特别对夫妻一方婚前以个人名义买房举债的处理、对一方购房性质的认定、对父母出资购房的认定等都提出了具体方法。在追求物质享受的当今时代,不可否认,有很多"拜金主义"的人,他们在选择另一半的时候,注重的是房子、车子、票子等硬件,而不是人品、性格等软实力。而新法解释的出台,正冲击着"傍大款""房子都比男人可靠"等被扭曲的婚恋观。

**2.夫妻共有房屋,一方偷卖怎么办**

本来是夫妻共有的房屋,一方瞒着另一方给卖了,另一方要收回,法院支持吗? 司法解释给出了否定的答案。

《〈婚姻法〉司法解释(三)》:如果夫妻一方未经另一方同意出售属于夫妻共同财产的共有房屋,第三人善意购买、支付合理对价并办理产权登记手续,另一方主张追回该房屋的,人民法院不予支持。

夫妻一方擅自处分共同共有的房屋造成另一方损失,离婚时另一方请求赔偿损失的,人民法院应予支持。

在这里,需要明确的是,人民法院支持另一方主张追回的条件是:

(1)第三人不是善意购买(一方和第三方串通)。

(2)未支付合理对价(房子值20万,买方只支付了2万)。

(3)虽善意购买,支付合理的价格,但未办理产权登记手续。

上述三个条件是必须同时满足的,缺一不可。如未办理产权登记,我们认为,另一方主张追回该房屋,以房子是双方共同财产,未经他同意的房屋买卖合同是无效的,要求确认房屋买卖合同无效,善意取得人退还房子,法院应是支持的。

**案例**

2000 年,来自四川农村的小吴和小夏经朋友介绍后认识、恋爱,并于 2003 年登记结婚。婚后二人进城打工,通过努力工作,吃苦耐劳,赚钱在城里买了两套房屋,均登记在丈夫小吴名下。而 2015 年,小吴因做生意需要本钱,背着小夏将家里一处地段好、正处于涨价期的房子,通过房屋中介出售给了张先生。事后,小吴做生意将钱全部赔了进去。妻子小夏知道房子被出售之后,认为该房子是双方共同财产,未经她同意的房屋买卖合同是无效的,于是将丈夫和买主张先生一起告上了法院,要求确认房屋买卖合同无效,张先生退还房子。

最终法院认定张先生的行为构成善意取得,判决驳回小夏的诉讼请求。

**案例分析**

张先生购买房子的行为是合法的、善意的,因此,法律禁止无处分权人擅自处分动产或者不动产,但同时又设立第三人善意取得制度——第三人善意、有偿取得该财产的,应当维护第三人的合法权益——以保护善意第三人,维护市场秩序的稳定。在此提醒,在进行二手房屋交易的时候,买方应尽量了解清楚房屋的具体情况,尽量要求卖方全面陈述自己的家庭情况以及房屋涉及的担保、抵押等情况,提供家庭户口簿、结婚证等,并要求房屋共有权人签字表示同意出卖房屋,以免引发纠纷。

### 3.妻子堕胎是否侵犯丈夫生育权

《〈婚姻法〉司法解释(三)》第九条规定:夫以妻擅自中止妊娠侵犯其生育权为由请求损害赔偿的,人民法院不予支持;夫妻双方因是否生育发生纠纷,致使感情确已破裂,一方请求离婚的,人民法院经调解无效,应依照《婚姻法》第三十二条第三款第(五)项的规定处理。

**案例**

2010 年 2 月,家住湖南的罗华与张萍经人介绍恋爱,同年 8 月登记结婚。婚后不久,张萍便有了身孕。罗华喜出望外,要求张萍把小孩生下来。但双方因婚前缺乏了解,性格不合,常发生纠纷。2010 年 11 月的一天,两人又因琐事发生争吵,张萍一气之下回到娘家,并在一黑诊所那里悄悄将胎儿打掉。

后来罗华向法院起诉请求与张萍离婚,罗华称张萍私自将腹中胎儿打掉,侵犯其生育权,要求张萍赔偿其精神抚慰金 5 万元。法院经审理,依法准许原告罗华的离婚请求。同时法院认为,根据《妇女权益保障法》的相关规定,妇女有按照国家有关规定生育子女的权利,也有不生育的自由。作为男性公民,其生育权的实现,要借助于女性公民的配合。对于其要求的赔偿,法院不予支持。

**案例分析**

像本案一样,原告自行终止妊娠,被告要求离婚的同时还要求赔偿,过往法院都是依据《妇女权益保障法》等法律、法规认定女方没有侵害被告的生育权,驳回男方要求赔偿的请求。现在"解释"中明确了丈夫以妻子擅自堕胎侵犯其生育权为理由,请求损害赔偿的,不予支持。那么,以后对于此类案件的判决就更加有法律依据了。

《〈婚姻法〉司法解释(三)》添加的这一条规定的主要原因是:一方面我们承认生育权是夫妻双方共同享有,生育权的实现必须由双方协商一致共同的行为才能够实现。但是另一方面我们又要看到,在生育的过程中,女性承担着和男性不同的责任,女性从怀孕到生产,期间胎儿和她的身体是容易受损的,这个过程中她要承担着生育的风险及由此带来的生命的损害。所以在女性自身决定终止妊娠这样一种行为,实际上是她保护自己身体生命健康权的举措,在法律上对这样的行为要做一个特别的保护。

**4.登记程序有瑕疵,婚姻关系是否有效**

在结婚登记程序存在瑕疵时,婚姻关系是否有效呢?现实生活中,常常有当事人以结婚登记程序中存在瑕疵为由申请宣告婚姻无效,如一方当事人未亲自到场办理婚姻登记、借用或冒用他人身份证

明进行登记、婚姻登记机关越权管辖、当事人提交的婚姻登记材料有瑕疵等。

在结婚登记程序存在瑕疵时,如果同时欠缺了结婚的实质要件,在法律规定的情形内,可以被人民法院宣告无效,但对仅有程序瑕疵的结婚登记的法律效力缺乏明确的法律规定。当事人以婚姻登记中的瑕疵问题申请宣告婚姻无效的,只要不符合《婚姻法》第十条关于婚姻无效的四种规定情形之一,法院就只能判决驳回当事人的申请。

如果将符合结婚实质要件但结婚登记程序上有瑕疵的婚姻宣告为无效,不仅扩大了无效婚姻的范围,也不符合设立无效婚姻制度的立法本意。这次解释第一次明确了以结婚登记程序存在瑕疵为由主张撤销结婚登记的,应提起行政复议或行政诉讼。

**案例**

原告刘某与被告胡某确立恋爱关系后,因原告年龄不足法定婚龄,无法领取结婚证,原告遂隐瞒自己的真实姓名和出生日期,用其二哥的小名"刘小根"及出生日期与被告办理了结婚登记手续,并于1989年1月1日领取了结婚证。结婚证上男方姓名记载为"刘小根"。此后,原、被告一直共同生活至今。2011年8月,原告刘某使用自己的真实姓名提起离婚诉讼,要求与被告离婚。庭审前核对身份时,审判人员发现原告提供的结婚证有严重的涂改痕迹,原告身份证件记载的姓名、出生日期与结婚证原始记载不一致,遂对双方当事人的身份进行认真核实,并到村入户走访了"刘小根"本人。

当地法院承办法官认为:本案是一起典型的婚姻登记瑕疵案件。原、被告虽属1994年2月1日前形成的事实婚姻,但原告未以事实婚姻为由诉请离婚,却以存在瑕疵的结婚证证明原、被告之间的婚姻关系,而被告及其家人强烈否认原告的诉讼主体资格。因此,承办法官在批评、教育了骗取结婚登记当事人之后,根据《〈婚姻法〉司法解释(三)》第一条,要求当事人通过行政复议或者行政诉讼解决而结案。

**案例分析**

对于该条法律规定,最高人民法院民一庭在答记者问时对该条款第二款进行了法理解析:"在我国现行的法律框架下,结婚登记在性质上属于具体行政行为,即行政确认行为。当事人对已经领取的结婚证效力提出异议,不属法院民事案件的审查范围,当事人可以向民政部门申请解决或提起行政诉讼。结婚登记瑕疵事件时有发生,当事人起诉要求宣告婚姻无效又不符合《婚姻法》第十条规定的无效婚姻情形,导致当事人因结婚登记瑕疵而无法实现离婚目的,故需要给当事人提供解决问题的途径,以便多渠道化解矛盾,解决纠纷。"

**5.拒绝亲子鉴定的法律后果**

亲子关系诉讼属于身份关系诉讼,主要包括否认婚生子女和认领非婚生子女的诉讼,即否认法律上的亲子关系或承认事实上的亲子关系。现代生物医学技术的发展,使得DNA鉴定技术被广泛用于子女与父母尤其是与父亲的血缘关系的证明。亲子鉴定技术简便易行,准确率较高,在诉讼中起到了极为重要的作用,全世界已经有120多个国家和地区采用DNA技术直接作为判案的依据。

在处理有关亲子关系纠纷时,如果一方提供的证据能够形成合理的证据链条证明当事人之间可能存在或不存在亲子关系,另一方没有相反的证据又坚决不同意做亲子鉴定的,法院可以推定请求否认亲子关系一方或者请求确认亲子关系一方的主张成立,而不配合法院进行亲子鉴定的一方要承担败诉的法律后果。

**案例**

三十岁的程丽是小童的生母。在2009年8月,程丽与王军恋爱同居。坠入爱河的两人在同年11月闪电结婚,又在两个月后感情破裂协议离婚。

离婚时,程丽已有孕在身。离婚半年后她生下女儿小童。"作为孩子父亲的王军只在2011年12月支付了700元,之后就再未支付孩子的其他任何费用。"于是,小童作为原告,程丽代孩子起诉至法院,请求确认小童和王军的亲子关系,判令前夫

王军承担抚养义务。

王军的说法却截然不同。他表示，程丽和自己并非恋爱和同居关系，只是朋友。"我之所以和她去登记结婚，也是为了帮程丽取得小孩的准生证。"

法院要求进行亲子鉴定，王军拒绝进行亲子鉴定。"对王军提出的小童不是他的亲生女的主张，因证据不足，法院不予支持。"法院最后判决，小童和王军的亲子关系成立，王军应对孩子尽抚养、教育等义务。判决王军补交生活费。

**案例分析**

父母有抚养子女的责任和义务，《〈婚姻法〉司法解释(三)》第一次认可亲子鉴定，这既保障了子女的利益，同时保障了当事人的权利，维系了社会正常的亲情伦理关系。这警示那些家庭观淡漠的人，不注意维护婚姻法"一夫一妻"的严肃性，可能会自食其果。

### 6.婚后父母为子女买的房子如何认定

80后结婚买房，父母掏钱已经司空见惯。有数据表明，80后夫妻的离婚率在一些城市超过20%。一旦夫妻感情破裂，父母为子女买下的房产该如何分割呢？

父母倾一生积蓄给孩子买房，面对子女婚姻破裂还要分走一半房产，很多老人无法接受，法院在进行充分调研后，在《〈婚姻法〉司法解释(三)》中拿出了解决方案。该司法解释第七条规定：婚后由一方父母出资为子女购买的不动产，产权登记在出资人子女名下的，可按照《婚姻法》第十八条第(三)项的规定，视为只对自己子女一方的赠予，该不动产应认定为夫妻一方的个人财产。由双方父母出资购买的不动产，产权登记在一方子女名下的，该不动产可认定为双方按照各自父母的出资份额按份共有，但当事人另有约定的除外。

双方父母共同出资的情况如何处理，除了另有约定的，按份额共有。由双方父母出资购买不动产，产权登记在一方子女名下的，按照双方父母的出资份额共有更为符合实际情况。

这样的规定从我国实际出发，将产权登记主体与明确表示赠予一方联系起来,可以使父母出资购房真实意图的判断依据更为客观,便于司法认定及统一裁量尺度,也有利于均衡保护婚姻双方及其父母的权益。

**案例**

因为婚姻生活中的种种不合,来自西南某地农村的男子张辉与身为南京本地人的老婆王梅闹上法院要离婚。张辉和王梅一直住在岳父母买的房子里,房子登记在岳父母和王梅的名下。其实,按照以前的《婚姻法》解释,张辉有权参与房产分割,但按照刚出台的《〈婚姻法〉司法解释(三)》,房子可能和张辉没有半点关系了。

生于1975年的张辉老家在西南某地,家庭条件一般,父母都是农民。2004年,张辉和南京女孩王梅敲定了恋爱关系。2005年年底,两人走进婚姻殿堂。婚后,张辉根本没有能力买房。于是,王梅的父母自掏腰包,全款付清买了一套位于城南的房子,让张辉和王梅住了进去。因为房子张辉没有出钱,到房产局办理登记的时候,就登记在了王梅和其父母名下。张辉虽然心里不舒服,但因为自己一分钱没出,也不好意思要求房产证加自己的名字。

婚后一年多,王梅生了个女儿。张辉的父母得知这一情况后,不太高兴。为此,双方时常发生口角,在口角中,王梅流露出此前从未有过的轻视张辉的情绪。2007年,双方经过几次大的冲突之后,协议离婚了。但离婚后不久,张辉又表示了后悔。在同事和朋友的劝说下,双方终于复婚。

2009年,双方又闹上了法庭,请求离婚,并对夫妻共同财产进行分割。秦淮法院受理后,判决不准离婚。之后,双方协议离婚。

但在同事和朋友劝说下,他们又复婚了。到2014年5月,这对离婚又复婚的男女,又走上离婚的道路。王梅将张辉起诉到了南京秦淮法院,请求法院判决双方离婚,并对夫妻共同财产做出分割。

那么,两人共同居住的房子,到底能不能算夫妻共同财产呢?

对此,江苏某律师事务所律师认为,按照旧的《婚姻法》解释,房子是女方父母在他们婚后购买的,虽然登记在女方和其父母名下,但应该算夫妻共同财产,男方有权参与房产分割。

但按新出台的《〈婚姻法〉司法解释(三)》第七条:产权登记在出资人子女名下的,可按照《婚姻法》第十八条第(三)项的规定,视为只对自己子女一方的赠予,该不动产应认定为夫妻一方的个人财产。

### 案例分析

在实际生活中,父母出资为子女结婚购房往往倾注全部积蓄,一般也不会与子女签署书面协议,当然可能没有考虑到以后子女婚姻解体的情况。如果离婚时一概将房屋认定为夫妻共同财产,势必违背了父母为子女购房的初衷和意愿,实际上也侵害了出资购房父母的利益。所以,房屋产权登记在出资购房父母子女名下的,视为父母明确只对自己子女一方的赠予比较合情合理。

### 7.婚前或婚姻存续期间,赠予房子反悔如何认定

《〈婚姻法〉司法解释(三)》:当事人约定将一方所有的房产赠予另一方,赠予方在赠予房产变更登记之前撤销赠予,另一方请求判令继续履行的,人民法院可以按照《合同法》第一百八十六条的规定处理。就是说,除了特殊情况以外,一般人的房屋赠予都必须办理房屋变更登记手续以后才能生效,如果没有变动,赠予方是有权撤销赠予的。

现实生活中,恋爱中的男女为了取悦恋人,许诺将自己的房产赠予对方,而随着感情破裂,可能赠予方想要反悔,这在当下时有发生。在《〈婚姻法〉司法解释(三)》中,对婚前或婚姻存续期间,赠予房子的认定问题,以有无变更登记为判定标准,更为明确、科学、客观。

### 案例

2005年,农民胡某购买了位于所在市某小区的5091号房屋一套。2006年1月10日,该房屋取得土地管理部门颁发的

房屋所有权证,产权登记在胡某名下。同年 10 月,胡某与王某登记结婚。2010 年 12 月 6 日,王某与胡某签订夫妻房屋转移协议,协议载明:我二人为夫妻关系,坐落于该市某小区的 5091 号房屋胡某是所有权人,已取得房屋所有权。经双方共同协商,现申请将上述房屋产权转移到王某名下。此房屋产权归王某个人所有。当日,房屋产权人变更为王某。后王某以双方经常因家庭生活琐事吵嘴、打架导致夫妻感情破裂为由,起诉要求与胡某离婚,并要求确认 5091 号房屋为其个人财产。

该市人民法院经审理后认为,王某与胡某虽系自主结婚,但婚后未能注意夫妻感情的培养,夫妻感情确已破裂,对于原告起诉要求与被告离婚之请求,予以支持;关于该市某小区的 5091 号房屋,因原、被告在婚姻存续期间对该房屋的归属已约定且已经办理过户手续,故该房屋现应为王某个人财产,被告关于夫妻房屋转移协议系当时为了让原告安心,故该房屋系其婚前财产应予分割的辩解意见,没有事实依据,不予支持。后法院判决双方离婚,5091 号房屋判归王某所有。

胡某提起上诉,认为一审法院对于房屋的处理是错误的,要求确认本案涉案房屋系其个人婚前财产。二审法院判决维持原判。

**案例分析**

首先,本案中第一个问题就是关于本案王某与胡某签订的夫妻房屋转移协议的效力问题。

对于该协议的效力,王某与胡某签订的房屋转移协议系双方真实意思的表示,内容不违反法律、法规的规定,应属合法有效。

其次,就是关于本案中夫妻房屋转移协议的性质认定问题。转移协议的性质的认定,关系到本案需要适用的法律。从本案来看,该协议属于夫妻间的赠予,应适用于《合同法》关于赠予的规定。我国《婚姻法》规定了三种夫妻财产约定的模式,即分别所有、共同共有和部分共同共有,并不包括将一方所有的财产约定为另一方所有的情形。将一方所有的财产约定为

另一方所有,也就是夫妻间的赠予行为,应适用于《合同法》及《物权法》的相关规定。如若房屋所有权尚未转移,即未办理房屋变更登记手续,赠予房产的一方可以撤销赠予。《〈婚姻法〉司法解释(三)》第六条规定,婚前或者婚姻关系存续期间,当事人约定将一方所有的房产赠予另一方,人民法院可以按照《合同法》第一百八十六条的规定处理。本案的房屋转移协议,应认定为胡某将个人婚前财产赠予王某,且办理了房屋产权转移登记,故胡某无法撤销该赠予。反之,如若双方未办理房屋产权转移登记,胡某可以撤销该赠予。

如何认定夫妻之间的协议是属于夫妻财产约定还是属于夫妻之间的赠予,这需要审理中查明财产的来源及初始权属,如若是婚前一方个人财产,婚后约定为另一方所有,虽协议中未涉及赠予,也应认定为赠予。

### 8.个人财产婚后产生的利息和自然增值是否属于共同财产

《〈婚姻法〉司法解释(三)》第五条规定:夫妻一方个人财产在婚后产生的收益,除孳息和自然增值外,应认定为夫妻共同财产。

夫妻一方个人财产属于个人所有,不因婚姻关系的延续而转化为夫妻共同财产。我国《物权法》对于原物与孳息之间的关系及孳息的取得原则,自然孳息采用所有权主义及用益物权主义,法定孳息采用协商及交易习惯原则。婚前房产是夫妻一方个人的重要财产,在婚后的收益主要包括孳息投资经营收益及自然增值。《婚姻法》第十七条规定:夫妻在婚姻关系存续期间所得的生产、经营的收益、知识产权的收益归夫妻共同所有。《〈婚姻法〉司法解释(二)》第十一条规定:婚姻关系存续期间,一方以个人财产投资取得的收益,为夫妻共同所有。但对孳息和自然增值这两种情形如何认定未予明确。《〈婚姻法〉司法解释(三)》第五条对此作出明确规定:夫妻一方个人财产在婚后产生的收益,除孳息和自然增值外,应认定为夫妻共同财产,首次明确了夫妻一方个人财产婚后产生的孳息和自然增值不是共同财产。

根据《物权法》原理,收益包括孳息和利润两种。孳息分为法定孳息和自然孳息。法定孳息是指依法律关系取得的利益,如存款的利息、房屋租赁后收取的租金;自然孳息是指所有物自然派生出的利益,如树的果实、从土地收取的粮食、采掘矿藏收取的矿石。利润,则是把物投入生产经营活动中所取得的利益。至于自然增值概念,显然是随着社会经济发展而产生的,比如收藏品的增值、房屋的增值。

**案例**

　　张女士和王某经人介绍相识、恋爱,于 2000 年 10 月登记结婚。在 1998 年,王某通过房改购房取得了市中心的一套房产,由于近年来房地产市场持续火热,该套房屋的市场价已达 200 多万元。因为性格不合,夫妻两人经常为琐事争吵,本来就没有多少感情基础的婚姻走到了崩溃边缘。为此,王某担忧,如果两人离婚,这套房屋的增值部分是否应当分给张女士一半?

**案例分析**

　　在本案例中,王某的房产首先确定为婚前财产,这套房产随着市场的行情,房价不断走高,房屋不断增值,而该套房屋的增值部分属于自然增值。这种增值属于王某个人财产,张女士无权要求分割一半。

　　根据《〈婚姻法〉司法解释(三)》的此条财产归属原则,若是婚前个人财产,在婚后收益较易判定。如一方原购买价 60 万元的婚前房产,在婚后出售获得 100 万元。此 100 万元当然仍属于其个人财产,该 100 万元属于财产的形式转换,获利的 40 万元则为自然增值。但婚后财产的收益,在很多实际情况下,是很难进行判定的。

　　仍以上述假设为例,当其婚后再用 100 万元全额购置一处房产,且登记在自己名下,经过一段时间有增值的。无疑,此时的房产购置属于投资行为,但房屋增值究竟是属于自然增值呢,还是投资收益? 显然,新《〈婚姻法〉司法解释(三)》的这一“解释”仍有待解释。

## (二)《〈婚姻法〉司法解释(三)》出台的意义

　　纵观《〈婚姻法〉司法解释(三)》,它告诉人们夫妻双方的地位是平等的,法律对夫妻各方的权益保护是平等的,夫妻一方的个人财产无论夫妻关系是存续还是解除都依法平等受到保护。《〈婚姻法〉司法解释

（三）》对夫妻共同财产认定的法律适用规定，除了依法平等保护解除婚姻关系双方的个人合法财产外，还将起到唤起人们承担社会责任、"自立自强"、摒弃图慕虚荣以"嫁娶"改变命运的陈腐低俗婚姻观的积极作用。"寒窑虽破能避风雨，夫妻恩爱苦也甜"，这是婚姻观之绝唱；风雨同舟、男耕女织，共同创造财富，共享奋斗成果，应是齐心追求婚姻美满、家庭幸福的现代朴素婚姻观。有人说得好，在一个趋向现代法治和财产观念的时代，婚姻家庭财产观因之而变，实属必然。要离的，纠纷少些；想结的，动机单纯些。《〈婚姻法〉司法解释（三）》用五分之一的条款具体规定夫妻共同财产的认定与保护，旨在确立格式化的法律适用标准，使解除婚姻关系双方的利益都能得到正确、合法、合理、平等的保障。

# 第 三 章

## 结婚、离婚以及再婚与复婚

第三章

細胞的增殖、分化和衰老

农村经济体制改革推进了农村经济的大发展和农村家庭经济生活的显著变化,植根于这个经济基础之上的农村婚姻家庭必然大受影响。农村青年的婚姻缔结方式和决定权趋于多元化;家庭功能中生产、消费、精神生活等功能不断增强,生育功能逐渐减弱。传统婚姻中的"从一而终"观念已逐渐发生变化,离婚案例层出不穷。而再婚、复婚现象也多见。农民的婚姻观念正发生着显著的变化。

# 一、结婚

结婚,法律上称为婚姻成立。是指男女双方依照法律规定的条件和程序确立夫妻关系的民事法律行为,并承担由此而产生的权利、义务及其他责任。

## (一)婚姻关系成立的法律特征

### 1.结婚的主体是男女两性

不是由男女两性生理差别的结合,便不构成结婚。同性别的人之间不能结婚。现今世界很多国家已经通过立法,明确了结婚的对象可以是异性,也可以是同性,包括美国、德国、荷兰等。在中国,结婚从法律上讲单指异性男女之间的结合。

### 2.结婚行为是法律行为

申请结婚的双方当事人必须遵守法律的规定,履行法律规定的结婚登记程序,否则,婚姻关系不产生法律后果,属于不受法律保护的无效婚姻。须符合《中华人民共和国婚姻法》所规定的实质要件和形式要件,否则不具有合法婚姻的效力。

### 3.结婚行为的法律后果

结婚行为的法律后果是确立双方的夫妻关系并承担由此而产生的责任、权利、义务。这种已确立的夫妻关系,未经法律程序,任何单位、个人或夫妻双方都无权解除夫妻关系。

### 4.结婚的必备条件

一是男女双方完全自愿,二是必须达到法定年龄,三是必须符合一夫一妻制。

农民婚姻家庭法律知识

**5.结婚的禁止条件**

一是禁止直系血亲和三代以内旁系血亲结婚。二是禁止患有医学上认为不应当结婚的疾病的人结婚。

## (二)结婚的程序

从世界各国的法律规定来看,结婚的程序主要有登记制、仪式制、登记与仪式结合制。我国采取的是登记制。

在中国,符合法定结婚条件的男女,只有在办理结婚登记以后,其婚姻关系才具有法律效力,受到国家的承认和保护。关于结婚登记,中国《婚姻登记条例》具体规定,登记时,男女双方须持本人居民身份证、本人无配偶以及与对方当事人没有直系血亲和三代以内旁系血亲关系的签字声明,共同到一方户口所在地的婚姻登记机关提出申请。离过婚的申请再婚时,还应持离婚证件。婚姻登记机关,在城市是街道办事处或区人民政府、不设区的市人民政府,在农村是乡、民族乡、镇人民政府。登记机关对当事人的申请进行认真审查后,对符合法定结婚条件的,即准予登记,发给结婚证;否则不予登记。当事人如不同意登记机关的决定,有权提请上一级主管机关解决。

**1.结婚登记机关**

1994年发布实施的《婚姻登记管理条例》具体规定了办理婚姻登记的办法。《婚姻登记管理条例》第五条规定:"婚姻登记管理机关,在城市是街道办事处或者市辖区、不设区的市人民政府的民政部门;在农村是乡、民族乡、镇的人民政府。"婚姻登记的管辖范围,原则上与户籍管理范围相适应。

**2.结婚登记程序**

结婚登记大致可分为申请、审查和登记三个环节。

(1)申请。

中国公民在中国境内申请结婚。结婚必须双方亲自到一方户口所在地的婚姻登记机关申请结婚登记,申请时,应当持下列证件和证明:户口证明;居民身份证;本人无配偶以及与对方当事人没有直系血亲和三代以内旁系血亲关系的签字证明。

离过婚的,还应当持离婚证。离婚的当事人恢复夫妻关系的,必须双方亲自到一方户口所在地的婚姻登记机关申请复婚登记。

申请婚姻登记的当事人,应当如实向婚姻登记机关提供规定的有关证件和证明,不得隐瞒真实情况。

(2)审查。

婚姻登记管理机关对当事人的结婚申请应当进行审查,查明结婚申请是否符合结婚条件,不明之处,应当向当事人询问,必要时,可要求当事人提供有关证明材料。

(3)登记。

结婚登记条件:结婚除必须符合法律规定的条件外,还必须履行法定的程序。根据本条规定,结婚登记是结婚的必经程序。

结婚登记是国家对婚姻关系的建立进行监督和管理的制度。登记制度,可以保障婚姻自由、一夫一妻原则的贯彻实施,保证婚姻当事人及其子女的身体健康,避免违法婚姻,预防婚姻家庭纠纷的发生,同时也是在婚姻问题上进行法制宣传的重要环节。认真执行关于结婚登记的各项规定,对于巩固和发展社会主义婚姻家庭制度具有重要意义。

①予以登记。

婚姻登记机关对符合结婚条件的,应当即时予以登记,发给结婚证;对离过婚的,应注销其离婚证。在收到申请后一个月内办理登记手续,发给结婚证。申请结婚登记的当事人受单位或者他人干涉,不能获得所需证明时,婚姻登记管理机关查明确实符合结婚条件的,应当予以登记。

②不予登记。

申请人有下列情形之一的,婚姻登记机关不予登记:未到法定结婚年龄的;非自愿的;已有配偶的;属于直系血亲或者三代以内旁系血亲的;患有医学上认为不应当结婚的疾病的。

婚姻登记机关对当事人的婚姻登记申请不予登记的,应当以书面的形式说明理由。当事人认为符合婚姻登记条件而婚姻登记机关不予登记的,可以依照《行政复议法》的规定申请复议,对复议不服的,可以按照《行政诉讼法》的规定提起行政诉讼。

**3.婚前检查**

婚前检查,是指结婚前对男女双方进行常规体格检查和生殖器检查,以便发现疾病,保证婚后的婚姻幸福。婚前检查对于男女双方都有

着重大意义。婚前检查的内容包括询问病史和体格检查两大部分。婚前检查内容包括:婚前医学检查、婚前卫生指导、婚前卫生咨询。

婚前检查有以下几方面意义:

第一,有利于双方和下一代的健康。通过婚前全面的体检,可以发现一些异常情况和疾病,从而达到及早诊断、积极矫治的目的,如在体检中发现有对结婚或生育会产生暂时或永久影响的疾病,可在医生指导下作出对双方和下一代健康都有利的决定和安排。

第二,有利于优生,提高民族素质。通过家族史的询问、家系的调查、家谱的分析,结合体检所得,医生可对某些遗传缺陷作出明确诊断,并根据其传递规律,推算出"影响下一代优生"的风险程度,从而帮助结婚双方制定婚育决策,以减少或避免不适当的婚配和遗传病儿的出生。

第三,有利于主动有效地掌握好受孕的时机和避孕方法。医生根据双方的健康状况、生理条件和生育计划,为他们选择最佳受孕时机或避孕方法,并指导他们实行有效的措施,掌握科学的技巧。对要求生育者,可帮助其提高计划受孕的成功率。对准备避孕者,可使之减少计划外怀孕和人工流产,为保护妇女儿童健康提供保证。

第四,婚检还不仅仅是一项健康检查,更重要的是向人们传播有关婚育健康的知识,进行健康婚育指导。比如,医疗保健机构会向准新人播放婚前医疗卫生知识、婚后计划生育等方面的宣传片,发放宣传材料,开展有关咨询和指导等。

### 4.婚前财产公证

婚前财产公证是指公证机关对要结婚的男女双方就各自婚前财产和债务的范围、权利的归属问题所达成的协议的真实性、合法性给予证明的活动。婚前财产公证的好处多多,如:防止和减少夫妻财产纠纷的发生;保障夫妻双方的合法权益;夫妻双方良好感情的维系;节约司法资源,提高审判效率。因此,婚前财产公证越来越受到年轻人的青睐。

(1)婚前财产公证的流程、所需材料。

婚前财产公证是对夫妻个人婚前的财产进行公证。在办理婚前财产公证时,需要准备证明财产属于自己的证据及相关证件。具体的婚前财产公证的流程如下:

①当事人要准备好以下几种材料：

a.个人的身份证明。如身份证、户口簿，已婚的还要带上结婚证。（已婚也可补办）

b.与约定内容有关的财产所有权证明。如房产证、未拿到产权证的购房合同和付款发票等能证明财产属性的证明等。

c.双方已经草拟好的协议书。协议书的内容一般包括：当事人的姓名、性别、职业、住址等个人基本情况，财产的名称、数量、价值、状况、归属，上述婚前财产的使用、维修、处分的原则等。一般双方当事人的签名和订约日期空缺，待公证员对协议进行审查和修改后，再在公证员面前签字。

②准备好上述材料后，双方必须亲自到公证处提出公证申请，填写公证的申请表格。委托他人代理或是一个人来办理婚前财产公证的，不予受理。

③公证申请被接待公证员受理后，公证员就财产协议的内容，审查财产的权利证明，查问当事人的订约是否受到欺骗或误导。当事人应如实回答公证员的提问，公证员会履行必要的法律告知义务，告诉当事人签订财产协议后承担的法律义务和法律后果。当事人配合公证员做完公证谈话笔录后，在笔录上签字确认。

④双方当事人当着公证员的面在婚前财产协议书上签名。至此，婚前财产公证的办证程序履行完毕。当事人于规定期限日凭收费单据来领取公证书。

（2）婚前财产公证费用。

婚前财产公证需要去所在地区的公证处办理婚前财产公证手续，具体的收费标准视地区不同而不同，婚前财产公证的费用不高，因此，对于夫妻婚前财产差距较大的，最好采取婚前财产公证，保证自己财产的合法权益，也可以避免离婚财产分割发生纠纷造成对簿公堂的局面。

婚前财产公证最主要的还是看男女朋友对婚前财产公证的看法，也有很多因为婚前财产公证未能走进婚姻殿堂的情侣。因此，是否选择婚前财产公证要视具体情况而定，并不排除虽然经过婚前财产公证，但最后双方也没有结婚的情况。对双方而言，进行婚前财产公证对这几年的感情也是一种巨大的伤害。

**5.领取结婚证书**

婚姻登记机关在收到申请后将按照《婚姻法》的规定,对当事人进行审查。在被准予登记后,男女双方必须同时到场,然后各自就可以领到一张大红的结婚证书了。

## (二)注意事项

如果当事人无法出具居民户口簿的,婚姻登记机关可凭公安部门或有关户籍管理机构出具的加盖印章的户籍证明办理婚姻登记。

当事人属于集体户口的,婚姻登记机关可凭集体户口簿内本人的户口卡片或加盖单位印章的记载其户籍情况的户口簿复印件办理婚姻登记。

# 二、离婚

离婚是指夫妻双方通过协议或诉讼的方式解除婚姻关系,终止夫妻间权利和义务的法律行为。按照我国《婚姻法》的规定,如感情确已破裂,调解无效,应准予离婚。夫妻"感情确已破裂"是判决离婚的法定条件。

夫妻离婚的形式分为两种:协议离婚和诉讼离婚。

## (一)协议离婚

协议离婚,是指夫妻双方依据法律规定合意解除婚姻关系的法律行为。根据《婚姻法》第三十一条的规定,男女双方自愿离婚的,双方必须到婚姻登记机关申请离婚登记。婚姻登记机关经过形式审查和实质审查,确认双方自愿并对子女和财产问题已经有适当处理的,应当办理离婚登记并发给离婚证。

### 1.协议离婚申请条件

婚姻登记机关受理离婚登记申请的条件是:婚姻登记处具有管辖权;要求离婚的夫妻双方共同到婚姻登记处提出申请;双方均具有完全民事行为能力;当事人持有离婚协议书,协议书中载明双方自愿离婚的意思表示以及对子女抚养、财产及债务处理等事项协商一致的意见;当事人持有内地婚姻登记机关或者中国驻外使(领)馆颁发的结婚证。

**2.协议离婚程序**

(1)申请。

依照《婚姻登记管理条例》的规定,申请登记离婚的当事人应当在向婚姻登记机关递交书面申请登记离婚申请书时,同时提交下列证明:

①申请离婚双方当事人的户口证明。

②申请离婚双方当事人的居民身份证。

③离婚协议书(应当载明双方当事人自愿离婚的意思表示以及对子女抚养、财产及债务处理等事项协商一致的意见)。

④结婚证或夫妻关系证明书。

⑤申请登记离婚双方当事人的近期免冠照片。如果是现役军人申请登记离婚,须提交经所在单位团以上政治机关的同意决定和介绍信。

如果是港澳同胞,应到原婚姻登记管理机关办理登记离婚手续,如果婚姻登记机关找不到其结婚登记档案,本人结婚证又丢失,可到办理结婚登记时居住地的户籍管理机关出具原在该地居住的户籍证明,并由双方当事人出具该婚姻登记机关办理过结婚登记并经公证的声明书及内地亲友出具的保证书。

(2)审查。

婚姻登记机关应当对离婚登记当事人出具的证件、证明材料进行审查并询问相关情况。对当事人确属自愿离婚,并已对子女抚养、财产、债务等问题达成一致处理意见的,应当当场予以登记,发给离婚证。在审查过程中,必须全面了解协议的内容,尤其是注意双方当事人请求离婚的意思表示是否真实,子女抚养、夫妻一方的生活困难帮助、分割财产及债务处理等事项是否合适。

(3)登记。

婚姻登记管理机关审查后,对于符合离婚条件的,应予登记,发给离婚证,注销结婚证。在办理离婚登记时,如果当事人未达成离婚协议、属于无民事行为能力人或限制民事行为能力人或者其结婚登记不是在中国内地的,婚姻登记机关不予受理。对于不符合法定条件而不予登记的,应当以书面形式说明不予登记的理由。当事人从领取离婚证起,解除夫妻关系。离婚的当事人一方不按照离婚协议履行应尽义务的,另一

方可以向人民法院提起民事诉讼。

### 3.离婚协议书的格式

离婚协议书

男方姓名：　　　　　　出生年月：　　　　　民族：

身份证号：

住　　址：

女方姓名：　　　　　　出生年月：　　　　　民族：

身份证号：

住　　址：

双方于＿＿＿＿年＿＿＿月＿＿＿日在＿＿＿＿＿区人民政府办理结婚登记手续。(结婚证号码＿＿＿＿＿＿＿＿)，并生有1名婚生女(＿＿＿＿，＿＿＿年＿＿＿月＿＿＿日出生)。

现因双方性格不合无法共同生活,夫妻感情已完全破裂,就自愿离婚一事达成如下协议：

一、双方自愿解除夫妻关系。

二、婚生女＿＿＿＿由女方直接抚养。抚养期间,男方承担婚生子的抚养费(包括医疗费、教育费、保险费)＿＿＿＿＿元。

女方应悉心抚养婚生子,不得有虐待、遗弃、家庭暴力行为；

男方每个月可以探望婚生女＿＿＿＿次,也可以到学校探望,每周可与婚生女共同居住＿＿＿＿天,寒暑假可以共同居住＿＿＿＿天,女方有协助的义务。

探望权的行使以不影响学业为准。

任何一方对婚生女身心健康有损害行为的,将视为放弃抚养、教育的权利和义务,另一方有权要求变更直接抚养权或中止、取消探望权。

三、财产分割

(1)双方认可婚后分开居住期间各自收入归各自所有的约定。

双方认可婚后个人随身物品归个人所有。个人随身物品中包含衣物、首饰、个人用品、手机、化妆品等个人专用物品。

婚前财产：男方＿＿＿＿＿＿＿＿＿＿

女方＿＿＿＿＿＿＿＿＿＿

婚前个人债权债务：男方＿＿＿＿＿＿＿＿＿＿

女方＿＿＿＿＿＿＿＿＿＿

婚姻存续期间个人债权债务：男方＿＿＿＿＿＿＿＿＿＿

女方＿＿＿＿＿＿＿＿＿＿

（2）女方自离婚证领取之日起，取得下列夫妻之间共同财产的所有权：彩电一台、冰箱一台、洗衣机一台、空调一台、家具一套、生活日用品＿＿＿＿件，总计约＿＿＿＿＿＿元。

银行存款＿＿＿＿＿＿元，归女方＿＿＿＿＿＿元，男方＿＿＿＿＿＿元；运营出租车，作价＿＿＿＿＿＿元，归女方＿＿＿＿＿＿元，男方＿＿＿＿＿＿元。

（3）双方确认无其他共同债权、无共同债务。

四、男方确认给女方经济补偿＿＿＿＿＿＿元。

五、离婚后，一方不得干扰另一方的生活，不得向第三方泄漏另一方的个人隐私和商业秘密，不得有故意损坏另一方名誉的行为，否则承担违约金＿＿＿＿＿＿元。

六、双方确认对方是完全民事行为能力的人，能够自行处分自己的行为和财产。

七、本协议经双方签字后，待有效的法律文书生效时具有法律效力。双方承诺对该协议书的字、词、义非常清楚，并愿意完全履行本协议书，不存在受到胁迫、欺诈、误解情形。

八、本协议书一式三份，甲乙双方各执一份，婚姻登记部门保留一份。在双方签字，并经婚姻登记机关办理相应手续后生效。

男方：                    女方：

＿＿＿年＿＿＿月＿＿＿日        ＿＿＿年＿＿＿月＿＿＿日

### (二)诉讼离婚

诉讼离婚,是指夫妻双方对离婚、离婚后子女抚养或财产分割等问题不能达成协议,由一方向人民法院起诉,人民法院依诉讼程序审理后,调解或判决解除婚姻关系的法律制度。

**1.诉讼离婚程序**

①起草起诉状。

②准备诉讼所需要的证据。

③向有管辖权的法院递交起诉状和证据。

④法院决定是否受理该诉讼。

⑤法院受理该离婚诉讼案件之后,在法定时间内向对方发送起诉状副本。

⑥法院安排开庭时间并向双方发送传票。

⑦开庭。

双方均可以委托律师或者其他专业人士代理诉讼(一般情况下离婚当事人必须到庭,如果因特殊原因实在不能到庭,必须向法庭出具是否离婚的书面意见)。

⑧作出判决。

法院依照原告方的诉讼请求和双方提交的证据情况对是否准予离婚、如何分割财产、子女抚养问题如何解决等问题作出判决。

**2.离婚中的法庭调解**

在法院开庭审理阶段中,对于离婚双方,法院需要依法作出相关调解,为双方的婚姻再做最后一次努力。

《婚姻法》规定:"人民法院审理离婚案件,应当进行调解。"这表明调解是人民法院审理离婚案件的必经程序。适用调解程序,其目的在于防止当事人草率离婚,以及在双方当事人不能和解时,有助于平和、妥善地处理离婚所涉及的方方面面的问题。在婚姻生活中,双方难免会有一些冲突和纠葛,有时逞一时之气,就会使矛盾扩大,冲突变得激烈,由此,一些尚未达到不能共同生活程度的婚姻当事人也要求离婚。由法院进行调解,可以促使双方当事人平息怨恨、减少敌对,对自己的婚姻状况和今后的生活进行充分的考虑,珍惜自己与配偶的婚姻关系。即使调解和好不成,双方还是坚持离婚的,也可以调解离婚。调解离婚有助于解决财产和子女问题,由此而达成的调解离婚协议,双方当事人一般都能自觉履行。当然,通过调解达成协议,必须当事人双方自愿,不得强迫;调解也不是无原则的,而应当本着合法的原则进行,调解协议的内容不得违反法律规定。

经过诉讼中的调解,会出现三种可能:

第一种是双方互谅互让,重归于好。人民法院将调解和好协议的内容记入笔录,由双方当事人、审判人员、书记员签名或者盖章,协议的法律效力至此产生。

第二种是双方达成全面的离婚协议,包括双方同意离婚、妥善安排子女今后的生活、合理分割财产等。人民法院应当按照协议的内容制作调解书。调解书应写明诉讼请求、案件的事实和调解结果,并由审判人员、书记员署名,加盖人民法院印章。离婚调解书经双方当事人签收后即具有法律效力。

第三种是调解无效,包括双方就是否离婚或者子女抚养、财产分割等方面达不成协议。在这种情况下,离婚诉讼程序继续进行。

## (三)离婚财产分割
### 1.离婚时哪些财产属于个人财产

(1)婚前个人房产不属于共同财产。

最高人民法院曾在《关于人民法院审理离婚案件处理财产分割问题的若干具体意见》中规定:一方婚前购买的房屋,婚后双方共同使用、经营、管理经过八年的,转变为夫妻共同财产。但2001年4月修改后《婚姻法》第十八条对此规定作了修订,即一方婚前的财产为夫或妻一方的个人财产,从而打消了房屋所有人的顾虑,也有效避免了一些人为骗房产结婚后又离婚的现象。

(2)婚后一方被指定继承的财产,离婚时另一方无权分享。

至今仍有不少人认为,只要是在婚姻关系存续期间所得的财产就应该属于夫妻共有财产,另一方在离婚时有权请求分割。《婚姻法》第十七条明确规定,在婚姻关系存续期间所得的工资、奖金、生产经营收益、知识产权收益以及继承或赠予所得的财产应该归夫妻双方共有。但第十

八条对继承或赠予所得的财产作了一个例外的规定,即遗嘱或赠予合同中确定只归夫或妻一方的财产为夫或妻一方的个人财产。也就是说,法律从立法的角度保护了遗嘱或赠予合同中当事人的意愿,使他人无法通过婚姻关系而取得额外利益。

(3)离婚后承包田不能分割。

夫妻二人在离婚时,对于夫妻关系存续期间共同承包的土地是否能作为夫妻共同财产分割呢?承包经营的土地是村里集体所有的土地,夫妻只享有承包经营权,没有所有权。承包经营权不属于夫妻共同财产,不能分割,但土地上的收益则是一种可分割的财产,对承包经营所取得的收益可以请求分割。

(4)他人不知夫妻财产约定,离婚时债务共同负担。

如果一方向他人借钱到期未还,离婚时这份债务应该由谁负担呢?《婚姻法》第十九条第二款规定:"夫妻对婚姻关系存续期间所得的财产以及婚前财产的约定,对双方具有约束力。"第三款规定:"夫妻对婚姻关系存续期间所得的财产约定归各自所有的,夫或妻一方对外所负的债务,第三人知道该约定的,以夫或妻一方所有的财产清偿。"夫妻一方借的债务,如果夫妻之间未约定债务各自承担,或者即使约定了,但债权人并不知晓,该债务应由双方共同负担。

(5)离婚时恶意转移财产,一方可请求重新分割。

夫妻二人虽然因婚姻这条红线的牵引而走到一起,但双方各自仍具有一定的独立性,对那些非领取工资收入的夫妇,更是很难了解到对方真实的财产状况。因此当二人感情破裂时在财产上做手脚,就可以避免将财产作为夫妻共同财产被分割掉,而对方很可能对此一无所知。《婚姻法》对恶意转移、隐瞒财产的行为赋予了夫妻中另一方请求重新分割的权利。也就是说,即使二人在法律上已经确定解除了婚姻关系,但如果一方在离婚后有证据证明另一方在离婚时有隐瞒、转移、毁损财产等行为,就可以到法院起诉,请求重新分割这部分财产。

**2.离婚时财产应该怎么分割**

婚后财产应按照夫妻共同财产平均分割,根据我国《婚姻法》第三十九条规定:离婚时,夫妻的共同财产由双方协议处理;协议不成,由人民法院根据财产的具体情况,照顾子女和女方利益的原则处理判决。这一规定在法律规定的前提下确定了尊重当事人在法律允许范围内的意思自治的原则。

夫妻共同财产是指夫妻双方在婚姻关系存续期间所得的,依法应归夫妻共同所有的财产。所谓的婚姻存续期间,是从双方领取结婚证开始到婚姻关系终止时的这段时间。

我国《婚姻法》第十七条规定:夫妻在婚姻关系存续期间所得的下列财产,归夫妻共同所有:

①工资、奖金;

②生产、经营的收益;

③知识产权的收益;

④继承或赠予所得的财产,但本法第十八条第三项规定的除外;

⑤其他应当归共同所有的财产。

夫妻对共同所有的财产,有平等的处理权。

《最高人民法院关于适用〈中华人民共和国婚姻法〉若干问题的解释(二)》第十一条对夫妻共同所有的财产进行了详细规定。婚姻关系存续期间,下列财产属于《婚姻法》第十七条规定的"其他应当归共同所有的财产":

①一方以个人财产投资取得的收益;

②男女双方实际取得或者应当取得的住房补贴、住房公积金;

③男女双方实际取得或者应当取得的养老保险金、破产安置补偿费。

**3.房屋分割问题**

(1)夫妻共有或一方所有房屋的处理。

夫妻在婚姻关系存续期间共同购买、共同建造的房屋,或者婚前双方共同出资购买、建造的房屋,是夫妻共有房屋,离婚时应作为夫妻共同财产分割。根据《〈婚姻法〉司法解释(二)》第二十条规定:双方对夫妻共同财产中房屋价值及归属无法达成协议时,人民法院按以下情形分别处理:

①双方均主张房屋所有权并且同意竞价取得的,应当准许;

②一方主张房屋所有权的,由评估机构按市场价格对房屋作出评估,取得房屋所有权的一方应当给予另一方补偿;

③双方均不主张房屋所有权的,根据当事人的申请拍卖房屋,就所得价款进行分割。

司法实践的通常做法是:共有房屋能实际分割使用的,可以分割使用。对不能分割使用的,可以作价分给一方,另一方取得补偿。在确定房屋分给哪方时,应考虑双方住房情况、照顾抚养子女的一方。在双方条件等同的情况下,应照顾女方。

婚后双方对婚前一方所有的房屋进行修缮、装修、原拆原建,离婚时未变更产权的,房屋仍归产权人所有,增值部分中属于另一方应有的份额,由房屋所有权人折价补偿另一方;进行过扩建的,扩建部分的房屋应按夫妻共同财产处理。离婚时,如一方生活困难,如离婚后没有住处,另一方应从其住房等个人财产中给予适当帮助。

由于我国住房制度多样化,住房权属状态也是多样化的,具体需要区分不同情况处理:

①离婚时已经取得产权的房屋。

第一,对于私房和具备产权证可上市交易的公房,一般以产权证颁发的时间来界定是否为夫妻共同财产。按照民法物权原理和我国房屋管理政策,一般情况下房屋权属登记是房屋所有权取得的必经程序。只有办理了产权登记或过户手续才能真正取得房屋所有权。因此对于在离婚案件中涉及的此类问题,如果诉争的房屋是结婚登记后取得所有权的,应定为夫妻共同财产;如果在结婚登记之前取得所有权的,应认定为个人财产而不能作为夫妻共同财产分割。

第二,夫妻一方婚前承租的公房,在婚姻关系存续期间以共同财产购买为产权的,该房屋为共同所有。由于公房使用权可通过承租权转让的方式上市交易,具有一定的交换价值,在离婚分割该房屋时,可区分下列情形处理:

a.一方婚前承租的公房,是基于福利政策分配取得,婚后以共同财产购买为产权的,由于在婚姻关系存续期间内,无法体现出原公房使用权的交换价值,则在离婚分割该产权房时,可不考虑原公房使用权交换价值的单独归属。

b.一方婚前承租的公房,是其以个人财产支付对价取得的,婚后以共同财产购买为产权,在离婚分割该产权房时,应当将取得原公房使用权时所支付对价部分,确定为当时承租的夫或妻一方个人所有,产权房的剩余价值按共同财产分割。

c.对于婚前由夫或妻一方父母承租,婚后以夫妻共同财产购买为产权的公房,原公房使用权的交换价值可参考《〈婚姻法〉司法解释(二)》第二十二条的规定,推定为父母对夫妻双方的赠予,离婚时可直接将产权房按共同财产分割处理。虽然是以夫妻一方名义购买,但不是以夫妻共同财产而是以一方父母财产购买,产权证系夫妻双方的名字,仍应为共同财产,只是在财产分割时,酌情考虑财产来源因素。原系一方父母承租的公房,后以一方名义而非夫妻名义购买成为公房,且购买的出资来自该方父母,应为一方所有的财产。原系一方父母承租的公房,虽然以夫妻共同财产购置,但产权证上不仅有夫妻一方或双方名字,还有一方父母名字,该房为家庭共有财产。

第三,夫妻一方婚前以个人财产购买房屋,并按揭贷款,产权登记在自己名下的,该房屋仍为其个人财产,按揭贷款为其个人债务。婚后配偶一方参与清偿贷款,并不改变该房屋为个人财产的性质。在离婚分割财产时,该房屋为个人财产,剩余未归还的债务,为个人债务。对已归还的贷款中属于配偶一方清偿的部分,应当予以返还。

②离婚时尚未取得完全产权的房屋。

离婚时尚未取得完全产权的房屋指离婚时夫妻双方取得的房屋所有权只是部分产权,不是完全产权,主要指夫妻双方根据福利政策以标准价购买的公有房屋。部分产权房屋是国家历次房改政策的产物,其突出特点为部分产权处分受到限制。根据国务院 1991 年 6 月发布的《关于继续稳妥地进行城镇住房改革通知》,其特点集中表现为:第一,房屋必须在购买五年后才能出售;第二,出售时原补贴单位有优先购买权;第三,售房所得按照国家、单位、个人所占比例进行分配。它可能是婚前或婚后购买的但没有取得产权证的公房。由于这类房屋涉及我国特殊的住房政策,又涉及职工单位的利益,住房不能上市交易,在实务分割中存在一定的障碍。这种离婚时双方尚未完全取得所有权的情形,如果当事人有争议且协商不成,可以按照《〈婚姻法〉司法解释(二)》第二十一条处理,即人民法院不宜判决房屋所有权的归属,应当根据实际情况判决由当事人使用。当事人取得完全所有权后,有争议的,可以另行向人民法

院起诉。

③离婚时尚未取得产权的房屋。

离婚时尚未取得产权的房屋指离婚时夫妻双方对其居住使用的房屋尚未取得所有权,婚姻存续期间已经签订买卖合同,但未取得产权证的房屋。如果夫妻双方作为买受人没有交清全部购房款而没有取得产权证,可以按照《〈婚姻法〉司法解释(二)》第二十一条处理,人民法院不宜判决房屋所有权的归属,应当根据实际情况判决由当事人使用。当事人取得完全所有权后,有争议的,可以另行向人民法院起诉。如果已经支付了全部房价款,房屋所有权法律关系比较清晰,只需完善权属登记手续,人民法院可将以下情况认定为夫妻共同财产,对房屋权属、分割、补偿问题予以处理:第一,在婚姻存续期间购买的,无论是以夫或妻的名义还是夫妻共同名义;第二,在婚前以夫妻双方的名义购买;第三,在婚前以夫妻双方的共同财产购买,属于婚前共同财产,财产性质存续到婚后仍为夫妻共同财产。

④一方父母出资买房,不属夫妻共同财产。

自 2011 年 8 月 13 日起施行的《最高人民法院关于适用〈中华人民共和国婚姻法〉若干问题的解释(三)》第七条规定,婚后由一方父母出资为子女购买的不动产,产权登记在出资人子女名下的,可按照《婚姻法》第十八条第(三)项的规定,视为只对自己子女一方的赠予,该不动产应认定为夫妻一方的个人财产。由双方父母出资购买的不动产,产权登记在一方子女名下的,该不动产可认定为双方按照各自父母的出资份额按份共有,但当事人另有约定的除外。最高人民法院办公厅副主任、新闻发言人孙军工介绍,从《〈婚姻法〉司法解释(三)》公开征求意见反馈的情况看,作为出资人的男方父母或女方父母均表示,他们担心因子女离婚而导致家庭财产流失。在实际生活中,父母出资为子女结婚购房往往倾注全部积蓄,一般也不会与子女签署书面协议,如果离婚时一概将房屋认定为夫妻共同财产,势必违背了父母为子女购房的初衷和意愿,实际上也侵害了出资购房父母的利益。所以,房屋产权登记在出资购房父母子女名下的,视为父母明确只对自己子女一方的赠予比较合情合理,多数人在反馈的意见中对此表示赞同,认为这样处理兼顾了中国国情与社会常理,有助于纠纷的解决。由双方父母出资购买不动产,产权登记在一方子女名下的,按照双方父母的出资份额按份共有,更为符合实际情况。

⑤军人的转业费能作为夫妻共同财产分割吗?

《〈婚姻法〉司法解释(二)》第十四条规定,人民法院审理离婚案件,涉及分割发放到军人名下的复员费、自主择业费等一次性费用的,以夫妻婚姻关系存续年限乘以年平均值,所得数额为夫妻共同财产。

前款所称年平均值,是指将发放到军人名下的上述费用总额按具体年限均分得出的数额。其具体年限为人均寿命七十岁与军人入伍时实际年龄的差额。第五章将会有详细的论述。

(2)对承租房的处理。

承租权产生于承租人与单位或房管所之间的协议,涉及第三人,不是夫妻个人财产,也非夫妻共同财产,因而该房屋不能处理,但承租权可以处理。

夫妻离婚时,租用的公房如何处理,《婚姻法》没有明确规定。1996年2月5日,最高人民法院《关于审理离婚案件中公房使用、承租若干问题的解答》中作了一些规定。主要内容是:对夫妻双方均可承租的公房而由一方承租的,承租方对另一方可给予适当经济补偿;夫妻双方均可承租的公房,如果面积较大能隔开分室居住使用的,可由双方分别租住;对可以另调房屋分别租住或者承租方给另一方解决住房的,可以准许。在审理具体离婚案件时,对租用公房应按照《合同法》关于租赁合同的规定,结合《婚姻法》的立法精神和基本原则来处理。

**4.离婚时的保险分割**

多数当事人都会忽略保险的分割与处理,实际上保险也是非常重要的问题,有必要在离婚时一并明确地处理好。

由于保险种类繁多而情况复杂,现初步归纳以下情况及分割办法:

(1)财产险。

①在夫妻关系存续期间获得的保险金。

第一,共同财产投保的,保险金为共同财产的。

第二,个人财产在婚前投保,保险金为个人财产。

第三,个人财产在婚后以共同财产投保,保险金为个人财产,但已缴纳的保险费中有一半属于对方。

②离婚时仍处于有效期内的财产险。

第一，持法院生效判决或离婚协议、离婚证，到保险公司变更或解除，分割已缴纳费用或退保后的费用。

第二，家庭财产两全保险，即发生事故获得保险金，否则计息。对此采取协议、分割补偿和解除合同分割储金三种方式。

（2）人身保险。

分人寿保险、意外伤害险、疾病险。

①在夫妻关系存续期间已经获得人身（人寿、伤害、疾病）保险金。

第一，作为个人财产，但若以共同财产缴纳的保险费，保险费中有对方一半。

第二，夫妻一方作为他人的人身保险合同的受益人，获得的保险金，属于个人财产。

②离婚时仍在保险期内的人身保险合同。

第一，以共同财产所缴纳的个人保险费，为共同财产进行分割。

第二，受益人为对方的，判决或协议离婚后应办理变更或解除手续，并相应地分割已缴纳的费用或退保费用。

③夫妻双方为子女投保的人身保险。

第一，子女未死亡的，所得保险金一律为子女所有；子女死亡的，作为遗产继承后分割。

第二，无论以个人财产还是共同财产，受益人若为子女的，离婚时夫妻之间均无补偿问题，只需变更投保人或受益人（变为抚养方），不能变更时，对退保后的费用进行分割。

## （四）离婚诉讼程序中应注意的问题

每一个人都不愿意遇到离婚官司，如果不幸遇到，一般也只有一次。因此，绝大多数当事人在打离婚官司时，是第一次上法庭。对于冗杂的法律程序，以及复杂的举证规则，许多当事人往往云里雾里，不知如何处理。

### 1.诉讼前准备工作

上法院打官司之前，首先应做好准备工作。主要体现在两个方面：其一，诉讼证据的准备；其二，家庭财产的保护。

对于绝大多数当事人来说,由于第一次诉讼,因此没有收集、整理证据的意识。但法院在审理案件时,诉讼中心围绕证据进行,没有证据往往是有理也打不赢官司。比如,女方因不能忍受男方对其长期实施的家庭暴力,欲向法院提起离婚诉讼。在提起离婚前,女方应当先有意识地收集相关家庭暴力的证据。比如,男方对其施暴后留下的伤痕照片、报警电话记录或警署笔录,或居委会的证言、验伤单据、证人证言等。如果女方在男方每次殴打后,不报警、不验伤、忍气吞声,抱着"家丑不可外扬"的思想,不能举出相关证据,她的诉讼请求很难得到法院的支持。因此,围绕自己的诉讼请求收集相关证据,在起诉之前是非常重要的,盲目起诉,往往"欲速而不达"。

一方起诉后,另一方往往会闻风而动,转移家庭共同财产。因此,在起诉前,先不要打草惊蛇,先不露声色地将夫妻共同财产的相关证据进行收集和整理。比如,公司股东出资或权证的收集,相关财务报表的收集,存折的开户行、账号,另一方股市的股东账号,房屋产权证的复印件,贵重金银首饰的保护,家庭共同财产的发票或录像等。在必要时,甚至可以采用诉讼保全的措施。

**2.接到传票后努力收集相反证据**

接到法院传票时,不要紧张,要针对对方诉求收集相反证据,并进行答辩准备。很多当事人在接到法院传票时,往往非常紧张。特别在看到原告"歪曲事实"的起诉状后,既紧张,又气愤,还担心法院会听信原告一方之言。其实这是大可不必的,法院一般只是在开庭时才会认真听取原告的诉讼请求和意见,对于原告的诉状内容也只是一看了之,不会轻信。但被告应针对原告的诉状内容及提供的证据,收集相关的反证。

很多被告认为,第一次离婚诉讼,只要自己坚持反对离婚,法院就不会判离。其实这种观点是片面的。在原告已向法院提交大量证据证明夫妻感情确已破裂的前提下,如果被告仅仅是口头辩解,法院是否判决离婚就很难讲了。打官司是一件很严肃的事,任何一方都不能凭经验办事,也不可掉以轻心。

在答辩时,也不要"眉毛胡子一把抓",什么都想解释,恨不得给法院写一封"万言书",其实这是根本没有必要的。答辩状要"抓大放小",抓住要害,有针对性地答辩,这样条理才会清晰,给法官留下深刻的印象。

特别要强调的是,即使是简易程序,被告也应该有15天的答辩期。如果法院通知上法院取传票或开庭的时间不足15天,可以与法院联系,要求合法的答辩期限,这是一项权利,一定要适当行使。

**3.准备好开庭时的诉讼材料**

开庭时,要准备好诉讼材料,不要紧张,从容地应对庭审。该带的诉讼材料,如身份证、答辩状、证据原件一定要带齐。法院一般让当事人做的陈述,最好提前写好,开庭一边看,一边说。由于原、被告所处的角度不同,准备的陈述材料也不同。作为原告,在陈述时,应尽量把夫妻感情破裂的表现以及事实陈述清楚,并配有相关例证。作为被告,应尽量围绕夫妻感情尚可、不到分手地步为中心,摆事实,讲道理。不要强调对方某一点的陈述不符合事实,而要把握整个大的方向,不要被对方"牵着鼻子走",陷入诉讼中的被动。

在辩论阶段,听对方陈述时一定要聚精会神,不要为对方不中听的言辞气昏了头。对方说得不对的要点,要拿笔记住,然后继续往下听。在反驳时,要有条理地围绕自己的主张反驳。很多当事人在答辩时,往往按对方说错的地方,一条一条纠正,作为辩论提纲,其实这是不妥的,要有自己的思路,不要顺着对方安排的路走,以防陷入对方的陷阱。

**4.宣判后工作**

宣判后,要仔细阅读法院的判决书,决定是否服判或上诉。

判决书下来后,当事人往往是倒着看的,先看判决结果,或喜或悲。但对于判决书中的内容、法院判决的依据,往往少有当事人仔细研究和推敲。一份判决书中有三部分最为重要:

①本院查明……

②本院认为……

③如下判决……

判决结果的基础,就是本院查明;判决结果的依据,就是本院认为。实践中,一点儿瑕疵都不存在的判决书很难找到,但并不是有了瑕疵就找到了上诉的理由。要看法院关键的判决所依据的事实是否真实、客观。一般情况下,离婚案件中,一审判决一旦生效,如果不是认定事实不清、适用法律错误,只是存在一些小的问题,即使上诉,二审法院改判的可能性也较小。

总之,打离婚官司,并非一定要请律师。在自己经济能力较弱的前提下,了解相关的庭审程序,吸收他人诉讼经验,对于维护自身的合法权益,是大为有益的。

## 三、再婚与复婚

再婚,即再次结婚,是指一方在配偶死后或双方离婚以后与他人再次结婚的行为。再婚是以终止原来的婚姻关系为前提的,如果不终止原婚姻关系又结婚,则构成重婚。

复婚是指已离婚的男女双方自愿恢复夫妻关系,到婚姻登记机关办理登记手续,重新确立婚姻关系的行为。

### 1.再婚和复婚登记

结婚登记制度是国家对婚姻关系的建立进行监督和管理的制度,是结婚的必经程序。登记制度,可以保障婚姻自由、一夫一妻原则的贯彻实施,避免违法婚姻,预防婚姻家庭纠纷的发生。婚姻登记是保障婚姻双方合法权利的基本程序,再婚或者复婚时,如果没有办理结婚登记手续,这样的"婚姻"是不受法律保护的,双方不能依法享有配偶的合法权利,如相互抚养、相互继承的权利,因此出现的许多纠纷都是由于未办理结婚登记而发生的,使得许多再婚或复婚者权利得不到保障,晚年失去了依靠。

《婚姻法》第三十五条规定:离婚后,男女双方自愿恢复婚姻关系的,应到婚姻登记机关进行复婚登记。

《婚姻登记办法》第八条规定:离婚后,男女双方自愿恢复夫妻关系的,必须双方亲自到一方户口所在地的婚姻登记机关申请复婚登记,婚姻登记机关按照登记程序办理登记,发给《结婚证》,收回《离婚证》。

只有办理了结婚登记手续,夫妻关系才算合法确立。

在现实生活中,有的夫妻离婚后,不办理复婚登记手续又以夫妻关系同居,这种事实上的复婚不符合《婚姻法》的规定,在法律上不予保护和承认。

复婚登记和结婚登记是一样的,是国家对公民婚姻关系的成立进行

审查和监督的重要措施,是保障婚姻自由、一夫一妻制原则的实施,防止包办、买卖婚姻和重婚现象发生,承认婚姻关系恢复的重要法律程序,对保护当事人的合法权益有着重要意义。

**2.再婚夫妻共同财产与遗产继承**

**案例**

老陈是一位退休干部,膝下有一儿一女,工作时和退休后一直和老伴谢某租住在其单位的一套120平方米的住宅里。2000年,谢某去世,陈某失去老伴,生活倍感孤独。在儿女的鼓励和支持下,他在经常活动的老年人活动中心认识了刘大妈。刘大妈也有一对子女,但是自己无住处,一直住在儿子家中。相处中,陈某与刘大妈脾性相投,遂于2001年11月结婚。

再婚后,陈某原单位进行了房改,房屋由住户购买。陈某用婚前所得的住房公积金和职务补贴等共计10万元购买了该房。但是不久陈某在一次交通意外中不幸去世。由于陈某生前未订立遗嘱,刘大妈和陈某子女操办完老人的丧礼之后,对遗产进行了分割。大家对陈某婚后购买的房产是否属于夫妻共同财产这一问题产生了争议。

陈某的子女认为,此房产虽然是婚后购买,却是陈某用自己的婚前财产购买的,所以应属于个人财产,此房产在进行遗产分割前,刘大妈无权享有一半的财产权。而刘大妈认为,这套房产是陈某婚后购买的,应当属于婚后夫妻共同财产,因此自己有权先于遗产继承前取得一半的房产所有权。

**案例分析**

《婚姻法》第十八条规定:"有下列情形之一的,为夫妻一方的财产:(一)一方的婚前财产;(二)一方因身体受到伤害获得的医疗费、残疾人生活补助费等费用;(三)遗嘱或赠予合同中确定只归夫或妻一方的财产;(四)一方专用的生活用品;(五)其他应当归一方的财产。"《继承法》第二十六条规定:"夫妻在婚姻关系存续期间所得的共同所有的财产,除有约定的以外,如果分割遗产,应当先将共同所有的财产的一半分出为配偶所有,其余的为被继承人的遗产。"因此,陈某以自己的婚前财产购买的其婚前承租的住房,购买之后是个人财产。不论是在再婚前购买还是再婚后购买都不影响这套房子是陈某婚前财产的性质。因此这套房屋不属于夫妻共同财产,而应全部作为陈某的遗产进行分割。

根据我国《继承法》规定,夫妻互为对方的第一顺序法定继承人。再婚配偶与老人的子女平等地享有遗产的继承权。但是,遗嘱继承优先于法定继承,为避免再婚老人去世之后产生遗产继承纠纷,在不侵害他人权利的情况下,老人可以依自己的意愿立遗嘱对全部遗产进行分配,还可将遗嘱进行公证,以确认其法律效力。

《婚姻法》第十七条规定,夫妻在婚姻关系存续期间所得的工资、奖金,生产、经营的收益,知识产权的收益,继承或赠予所得的财产等归夫妻共同所有。第十八条规定,一方的婚前财产,为夫妻一方的财产。因此,在没有约定的情况下,再婚后(也就是拿到结婚证的那一天之后)所得财产一般应为夫妻共同财产。老人在婚前的财产所有权不会因再婚而受到影响,再婚前(也就是拿到结婚证之前)是夫妻某个人的财产,再婚后也是某个人的财产,不会转化为夫妻共同财产。有部分人未曾理解到这一点,还记着过去的老规定,婚前的属于个人的贵重财产经过四年,就变成了夫妻共同财产。婚前的属于个人的房产,经过八年,就变成了夫妻共同财产。这是过去的规定,现在不适用了。

刚才所说,结婚之前的财产是个人的,就一直是个人的,结婚之后的财产一般是夫妻共有的。但是,《婚姻法》第十九条规定,夫妻可以约定婚姻关系存续期间(结婚后)所得的财产以及婚前(结婚前)财产归各自所有、共同所有或部分各自所有、部分共同所有。也就是可以简单理解为:通过约定,夫妻两个人签订协议,本是个人婚前财产变成了两人的共同财产。

至于说再婚夫妻之间的遗产继承,根据我国《继承法》规

定,夫妻互为对方的第一顺序法定继承人,再婚配偶与老人的子女平等地享有遗产的继承权。

### 3.谨防以结婚为名诈骗钱财

**案例**

　　魏先生和王女士均是再婚,双方于1998年正式登记并领取了结婚证。2000年两人把各自的积蓄加在一起,买了一套房。2003年4月,王女士拿出一份已经打印好的《夫妻财产约定协议》给魏先生,协议里说明,如果两人离婚,房屋所有权归王女士。王女士要求魏先生在协议上签字,说要考验一下丈夫对这段婚姻是否有诚心。魏先生为了表达对妻子的真情和忠心,就在这份协议上签了字。签完协议后几天,王女士就明确提出要离婚,还让魏先生搬出这套房子。年近七旬的魏先生只得到法院起诉王女士,认为在婚姻存续期间,自己被妻子蒙骗签了显失公平的《夫妻财产约定协议》,妻子的行为侵犯了自己的合法权益,影响了自己正常的生活,要求法院撤销该协议。

**案例分析**

　　这是一起因婚姻约定财产而发生的撤销权纠纷案件。许多人十分珍惜再次找到的幸福,为了取得对方的欢心和信任,往往不计较把财产都交给对方。然而一旦双方感情破裂,极易产生财产纠纷。

　　《婚姻法》第十九条规定:"夫妻可以约定婚姻关系存续期间所得的财产以及婚前财产归各自所有、共同所有或部分各自所有、部分共同所有。约定应当采用书面形式。没有约定或约定不明确的,适用本法第十七条、第十八条的规定。夫妻对婚姻关系存续期间所得的财产以及婚前财产的约定,对双方具有约束力。"夫妻间依法对财产所有进行约定是法律允许的,对双方都有约束力。然而此案中,王女士声称考验丈夫的诚意,在丈夫签下财产协议后立即提出离婚,实际上是骗丈夫签下协议。根据《合同法》的规定,魏先生可以请求法院撤销该协议。

　　此案中,虽然魏先生因受妻子蒙骗而签订了协议,却为我们解决再婚后财产关系发生变化问题提供一种思路。即在婚前约定双方财产所有关系。现实生活中,当事人再婚后除工资收入外,还有可能取得如住房补贴等数额较大的财产,在没有约定的情况下,婚后所得均为夫妻共同财产,由夫妻共同使用。因为双方各自的婚前财产不会因为再婚而受到影响,仅仅需要对婚后的财产约定归各自所有即可,通过约定可以做到完全不改变再婚后双方的财产所有权。方式上仅要求以书面形式约定即为有效,当事人自愿也可以到公证处进行财产公证。

**4.预防再婚的不利后果**

婚姻关系的变化会引起一系列人身财产关系的变化,直接影响到再婚双方及其子女的切身利益。但再婚作为人们的合法权益和客观需求,不应该也不可能被"杜绝"。实际上,依据现有法律可以提供一套相对合理有效的解决办法。

(1)遗嘱公证。

可以以立遗嘱的方式约定各方的婚前财产由各方子女继承。即男方子女只继承男方婚前的财产,女方子女只继承女方婚前的财产。对于再婚夫妻婚后所形成的财产,夫妻之间有相互继承的权利,而对方子女只能依遗嘱继承。或者是老两口在身体好的时候就立遗嘱把财产留给对方或者跟子女先协商,等两个老人都"走"了后,再继承老人的全部遗产。这样,对活着的老人来说,生活起来就会有更大保障。有的时候,出于某种考虑,如果不希望再婚配偶享有自己财产的继承权,在不侵害他人权利的情况下,老人可以依自己的意愿立遗嘱对全部遗产进行分配。

(2)婚前及婚后财产公证。

通过书面协议约定夫妻双方婚前及婚后财产的归属,这样就不会改变再婚双方的财产所有权,并可以到公证处进行财产公证。

**案例**

薛某因老伴过世较早,遂于 2003 年与刘某再婚。薛某婚前有两套房子,再婚后把其中的一套房子给了刘某的儿子结婚用,另外的一套房子拆迁后,他把钱给了刘某的女儿,让她帮忙

再买一套住房。后来,他生病出院后,刘某的女儿就不让他进门。祸不单行的是,刘某又提出离婚,他只好住进老年公寓。

**案例分析**

在现实生活中,老年人对自己的财产事先立好遗嘱,约定好分配方式,既减少了法律纠纷的发生,也是合理保障自己财产权的有利方式。本案中如果这个老年人当时在处置这些房产的时候给自己留点"后路",赠送房产附加赡养条件,签订协议、履行公证程序,就可避免类似问题。

(3)签订双方赡养协议。

签订双方赡养协议,约定父母再婚后,双方子女如何分配赡养自己的老人,子女是否只为自己的父母养老送终,妥善处理后事。

上述建议可能仍存在某些道德及感情方面的问题,也许无法为部分人所接受,但是这些建议有效地消除了再婚对人身及法律关系的影响,供参考。

赡养协议是赡养人与被赡养人订立的协议,或者是多个赡养人相互之间为分担赡养义务而订立的协议。赡养人之间可以就履行赡养义务签订赡养协议书,并征得老年人同意。居民委员会、村民委员会或者赡养人所在组织监督协议的履行。

签订赡养协议书应注意以下细节问题:

被赡养人和赡养人的姓名、性别、出生年月日、家庭住址;被赡养人与赡养人之间的关系;赡养人应尽的主要义务,包括赡养费用的分担,农村老年人口粮田、自留地、承包地的耕、种、管、收,城市老年人的工资、福利及财产性收入,老年人患病住院的医疗费用和雇人照料费用以及死后丧葬费用的负担等;赡养人提供赡养费和其他物质帮助的给付方式、给付时间;对被赡养人财产的保护措施;协议变更的条件和争议的解决方法;违约责任;其他协议细节。若有履行协议的监督人,应在协议上签名。

尤其应注意的是,协议中不得有处分被赡养人财产,或以放弃继承权为条件尽赡养义务等侵害被赡养人合法权益的违反法律的内容。另外,若被赡养人已经不具备完全民事行为能力,则应由赡养人之间签订赡养协议。

# 第 四 章
## 农民婚姻权利、义务及保障

有人说,幸福的婚姻多是一样的,不幸福的婚姻却有很多的理由。现代的婚姻,特别是夫妻双方皆为 80 后组成的家庭,讲究个性。他们在夫妻关系上都有自己独特的想法,旁人的意见都只是参考。而这些独特的想法有时会伤害到对方,因此,现代婚姻中夫妻离婚率较高。

当男女双方进入婚姻殿堂之后,由恋人变成了夫妻,婚姻关系就受到了法律的保障和约束。夫妻双方就需要共同用心经营自己的婚姻生活,共同承担相关的权利与义务。这里包括夫妻之间的权利与义务,同样也包括家庭成员之间的权利与义务。当夫妻一方的权利受到损害,或者说一方没有承担相应的义务时,就需要运用法律的武器来保障受害方的人身、财产和婚姻安全。

如何认识婚姻关系中的权利与义务,如何在婚姻关系中保障自己的权利、承担相应的义务,这需要婚姻关系中的双方能够认真了解相应知识,并能在问题出现时及时争取法律保护。同时,司法、执法等相关部门也需要共同努力,积极帮助双方认识问题、解决问题,保障其合法权益。

## 一、结婚的权利、义务及保障

每个适龄男女青年都有结婚的权利,不受任何人的干涉与强迫,这里的任何人当然也包括自身父母或者其他家庭成员。在上一章也曾详细解释婚姻自由原则以及如果暴力阻碍婚姻自由,将要承担的法律责任。但是,在享受婚姻自由的权利的同时,需要遵守法律规定的禁止结婚条件的义务,是每个公民应尽的责任与义务。

在此,需要再次提醒的是,暴力干涉他人婚姻自由的行为涉及对被害人人身权利的侵害。如果以更严重暴力的行为,如公然以故意杀人、重伤、强奸等方式干涉他人婚姻自由,其侵犯人身权利的社会危害远远超过了对婚姻自由的干涉,就不应当再以暴力干涉婚姻自由罪论处,而应以侵犯公民人身权利罪中所触犯的具体罪名定罪处罚。

除了暴力干涉婚姻自由,现在很多企业,特别是外企,也有明文规定,禁止企业内部员工恋爱、结婚,否则给予相应处罚。这种规定虽然不是暴力干涉,但也对员工情感上造成了很大的伤害,同样是违反婚姻自

由原则的。

**案例**

　　来自湖南农村的陈生和女友余洁在广州市一家外资企业打工。2014年1月,该企业原董事长离职,新董事长接任。新董事长上任后,以董事长令的形式出台了一系列公司管理的规章制度,其中有一条规定:严禁本公司职员之间恋爱、结婚。否则,要么一方主动辞职,要么双方同时被解聘。新的规章制度颁行后,陈生和余洁这对恋人感到非常苦恼,他们二人都十分珍爱和珍视他们的这份工作,但新立的规章就像无情的魔杖,击碎了他们想继续双双留任的愿望。迫于单位压力,陈生最终决定自己辞职让余洁留下,但他始终心存疑问:企业所做的这种规定合法吗?

**案例分析**

　　本案是一起外企员工因企业颁行禁止本企业员工之间恋爱、结婚禁令而被迫辞职的案例。据报道,像本案这样在企业内部的管理规章制度中规定禁止本企业员工之间恋爱、结婚的并不是个别的现象,在我国东南沿海一带,这样的情况尤其多见。一些外资企业和中外合资企业不仅在它们的管理规章中做了这样的规定,而且在他们与员工订立聘用合同时,就要求应聘者接受并订立"不得与本企业员工恋爱、结婚,否则将接受企业辞退或解聘的处理"的条款。

　　必须指出,本案中陈生、余洁所在的外资企业,其管理规章制度中有关禁止本企业员工之间恋爱、结婚一项是违法的,其他外资企业和中外合资企业的管理规章中相关条款也是违法的,这不能作为辞退、解聘员工的根据。这种内容如果被订立在企业与员工的聘用合同上,那么相关的条款应被认定为无效条款。

　　《婚姻法》明确规定婚姻自由原则,婚姻自由、恋爱自由是法律赋予每个公民的基本人身权利。在我国境内,国家法律具有一体遵行的效力,任何企业,包括外资企业和中外合资企业都不能例外,任何外资企业、中外合资企业所订立的规章制度以及与员工订立的合同都不得同国家的法律相抵触,否则,都将被认定为无效。

作为外资企业、中外合资企业或其他企业的员工,当企业依照其某种规章制度或聘用合同作出对己不利的决定时,该员工首先应审查、判断企业所援用的规章制度或合同内容是否具有合法性,如果发现该规章制度或合同内容违反了国家的法律、法规或政策的规定,那么,该规章制度或合同相关内容也就是无效的,对自己一方并不具有约束力。企业员工可以据理力争,通过适当的方式维护自己的权利,如通过政府劳动主管部门申请劳动合同纠纷仲裁,或通过诉讼寻求司法救济。

## 二、婚姻期间的权利、义务及保障

在婚姻关系存续期间,夫妻双方的权利与义务同样受到法律的约束和保障。婚姻期间,夫妻双方不仅需要处理好夫妻之间的关系,同时还要处理好整个家庭之间的关系。因此关于婚姻期间的权利与义务,分为夫妻之间的权利义务与家庭成员之间的权利义务。

**1.夫妻人身权利义务及保障**

夫妻之间享有的权利与义务包括人身权利、义务和财产权利、义务。其中人身权利与义务包括:

(1)夫妻相互忠实、相互尊重。

夫妻忠实义务是婚姻关系最本质的要求,婚姻关系稳定与否,很大程度上有赖于此。因此,《婚姻法》在总则部分就作出了夫妻双方应当相互忠实的规定。夫妻间相互忠实、相互尊重,是构建稳定婚姻关系的重要支柱。只有夫妻相互忠实、相互尊重,才能在婚姻生活中相濡以沫,在遇到困难时相互扶持,共同经历婚姻过程中的风风雨雨,在婚姻的道路上也能越走越远。夫妻相互忠实、相互尊重,是法律上的规定,也是道德层面上的责任。

(2)夫妻任何一方不得与婚外异性同居。

(3)夫妻任何一方不得重婚(一夫多妻或一妻多夫)。

《婚姻法》第四十六条规定,婚姻中一方重婚、与他人同居导致离婚

的,无过错方有权请求损害赔偿。在这里,第(2)(3)两条都是针对第(1)条"夫妻相互忠实、相互尊重"提出的两项具体要求。如果违反了第(2)(3)条,也就是违反了第(1)条。除了第(2)(3)条之外,若夫妻其中一方与其他人发生"婚外情",这虽尚不可构成"重婚",或与"他人同居",却是违反了夫妻间相互忠实的义务。《婚姻法》则未对"婚外情"如何承担责任作出明文规定。

(4)夫妻在家庭中地位平等。

对于此条权利,本章在前文《婚姻法》的基本原则中,在男女平等相关章节中已有详细阐释。夫妻在家庭中的地位平等,夫妻在人身关系的各个方面都平等地享受权利和承担义务。夫妻双方在家庭中地位平等,是对几千年来家庭关系中旧有惯例——男尊女卑的打破,是对妇女旧有社会地位的提高,是现代性的一种体现。

(5)夫妻各方都有各用自己姓名的权利。

姓名是标明特定自然人人身的文字符号。它由"姓"和"名"两部分组成。"姓"代表家族,"名"代表本人。姓名是自然人得以特定化的标志,特定的姓名代表特定的自然人,以此与其他自然人相区别。姓名权是自然人依法享有的决定、变更和使用自己的姓名并排除他人干涉或非法使用的权利。姓名权是自然人的一项重要的人格权,是其保持独立的人格所不可缺少的权利。姓名权的内容包括自然人对姓名的决定权、变更权和使用权。夫妻各方都有各用自己姓名的权利,就是夫妻姓名权。其含义是:婚姻当事人所享有的姓名权不因婚姻关系缔结而受影响,男女双方在婚姻关系成立后,依然可以保持自己姓名的独立性。在婚姻关系存续期间,夫妻中的任何一方都有权使用自己原姓名或依法变更原姓名,他方不得干涉或强迫对方变更姓名。

夫妻各方都有各用自己姓名的权利,这是"夫妻在家庭中地位平等"的一种具体表现。现在很多80后夫妻,双方都是独生子女,有些女方父母,因家中无儿子,或因对女儿的宠溺,选择给女儿招"上门女婿",也就是让男方"入赘"到女方家。这种方式也算合理合法,并没有违背法律规定。但如果强求入赘女婿改成妻姓,这就没有任何法律依据了。强迫他人更名换姓,是被法律所否定的社会行为,是违背了男女婚后人格独立、人格平等的法律精神。

（6）夫妻双方都有参加生产、工作、学习和社会活动的自由。

（7）夫妻双方都有实行计划生育的义务。

第（6）（7）条相关内容，本书已在前文《婚姻法》的基本原则中做了较为详细的阐释。

需要提醒的是，计划生育的义务并不单单指夫妻一方，夫妻双方在实行计划生育中负有共同的责任。

（8）夫妻有互相扶养的义务。

扶养是夫妻间相互对等的义务，不是单方义务，也就是说丈夫有扶养妻子的义务，妻子有扶养丈夫的义务。《婚姻法》第二十条规定："夫妻有互相扶养的义务。一方不履行义务时，需要扶养的一方，有要求对方给付扶养费的权利。"扶养的内容主要是经济上相互供养、生活上相互扶助、精神上相互尊重与慰藉等。

夫妻的相互扶养义务是基于婚姻效力和特定的身份而发生，夫妻双方在生活上理应互相关心、互相扶助。当双方都有工作、劳动能力，有经济收入的时候，通常不需要特别强调夫妻间法定的相互扶养义务，但当一方丧失或部分丧失工作、劳动能力或生活不能自理时，就有必要强调夫妻间法定的扶养义务了。

**案例**

河南省淮阳县某镇村民靳东营（男）与文玉凤（女）于1998年结婚。婚后，两人关系很好，并生有一儿一女。2014年年初，文玉凤在一次劳动中不幸被农用机器轧断左臂致残，部分丧失了劳动能力，生活上也不能完全自理。自文玉凤残疾以后，靳东营逐渐开始嫌弃她，觉得她不能再下地干活，成了家庭的拖累，于是心里稍有不顺就打骂她。

2014年5月，靳东营将手臂残疾的妻子和女儿弃于家中，带着儿子搬到亲戚家去住，走时没有留下任何生活费，致使文玉凤母女无以生存。文玉凤多次托人捎信要丈夫给家里送钱回来，但靳东营始终置之不理。

2014年8月，文玉凤于绝望之中跳河自杀，幸被村民救起。文玉凤苏醒后悲戚地向众人哭诉，并责怪人们不应该救她。

文玉凤的境况引起了众村民的同情。后在律师的帮助下，文玉凤向当地人民法院起诉，要求丈夫靳东营履行夫妻相互扶养义务。

淮阳县人民法院受理了此案。法院审理后认为，被告靳东营与原告文玉凤是夫妻，负有法定扶养的义务，被告嫌弃、打骂、遗弃原告的做法是极端错误的，其行为不仅受到道德的谴责，也为法律所不容。经法院批评教育，靳东营认识了自己的错误，表示今后将承担起对文玉凤的扶养责任，在经济上给予必要的供给，在生活上多关心照顾。法院最终调解结案。

**案例分析**

本案是一起丈夫不履行对伤残妻子的扶养义务而被妻子起诉的案件。当夫妻一方出现生活困难的时候，另一方理应伸出援助之手，这不仅仅是道德上的要求，也是法律上必须履行的义务。即使此时夫妻之间感情上已经出现裂痕或双方处于分居状态，双方之间的相互扶养义务也不因此而获得免除，只要婚姻关系存续，夫妻双方就必须履行相互的扶养义务，一方就不得以任何理由逃避法定的义务。

我国《婚姻法》第二十条第二款规定："一方不履行扶养义务时，需要扶养的一方，有要求对方给付扶养费的权利。"但为了缓解矛盾，妥善解决问题，需要扶养的一方可以先请求有关单位、组织或个人进行调解，如请求对方所在单位、居民委员会或村民委员会、亲朋好友等出面做对方的工作，说服、劝导对方履行其法定义务，向需要扶养的一方支付扶养费和提供其他生活帮助。若对方不接受劝导，仍拒绝履行其法定扶养义务的，需要扶养的一方即可向人民法院提起诉讼。

（9）夫妻任何一方不得实施家庭暴力或虐待家庭成员。

对于家庭暴力，我国《婚姻法》规定，"禁止家庭暴力"，并指明了实施家庭暴力者须承担的法律责任。在《关于适用〈中华人民共和国婚姻法〉若干问题的解释（一）》第一条对何为家庭暴力作了解释：家庭暴力是指行为人以殴打、捆绑、残害、强行限制人身自由或者其他手段，给其家庭成员的身体、精神等方面造成一定伤害后果的行为。持续性、经常性的家庭暴力,构成虐待。这一司法解释为我国认定家庭暴力确定了明确的标准。据近年来我国司法界和学界的归纳总结,家庭暴力可以从施暴人的施暴方式、施暴特点、施暴程度、施暴主体特征和施暴致害客体等方面加以认定:

①关于家庭暴力的施暴方式。

家庭暴力是指施暴人用殴打、捆绑、限制人身自由或者其他手段致受害人身体和精神受到伤害。具体行为方式可分为:身体暴力、性暴力、语言暴力和冷暴力(后两者可合称为精神暴力)。身体暴力是指对身体的攻击和强行限制人身自由的行为,如殴打、使用工具进行攻击和加害、捆绑、禁闭等。性暴力是指故意攻击性器官、强迫发生性行为以及性虐待行为等。语言暴力是指以语言谩骂、讥讽、侮辱、诽谤、威胁、恐吓造成受害人心理和精神伤害的行为。冷暴力是指故意疏远、冷淡、蔑视对方,将语言、思想、情感和性的交流降到最低限度,长此以往造成对方极度精神疲惫和痛苦的行为。

②关于家庭暴力的施暴特点。

家庭暴力带有偶然性、突发性,如果暴力行为呈持续性、经常性状态,则转变为虐待。

③关于家庭暴力的致害程度。

家庭暴力会给其家庭成员的身体、精神等方面造成一定的伤害后果。有伤害后果是家庭暴力的构成要件。家庭成员间一般性的冲突未对身体、精神等造成伤害性后果的,不以家庭暴力论。

④关于家庭暴力的施暴主体。

家庭暴力的施暴人多为家庭成员中强势的成年男性,受害人主要是妇女、儿童和老人,以丈夫对妻子的施暴最为常见。

⑤关于家庭暴力的致害客体。

家庭暴力的致害客体是家庭成员的生命权、健康权、身体权和自由权。

在婚姻中,一方对他方施暴是施暴方对他方基本权利和人格的极大蔑视,这既对他方的身体和精神造成伤害,也极大地毁坏了夫妻感情。因此,我国《婚姻法》将婚姻当事人一方对他方实施家庭暴力作为认定夫妻感情破裂、准予离婚的法定事由之一。

**案例**

福建省石狮市人林丙昆（男）与米雪凤（女）经人介绍于2002年相识，不久结婚，婚后未生育。因双方婚前交往时间不长，婚后感情一直不好。米雪凤在生活中发现，林丙昆脾气暴躁，稍不顺心就对她拳脚相向。

2005年，林丙昆做服装生意亏了本，从那时起，他开始借酒消愁，每天都喝得酩酊大醉，回到家里不由分说对米雪凤又打又骂，还随手抓起个什么东西就往米雪凤的身上砸。而且，林丙昆的性情也变得越来越猜忌多疑，经常无端怀疑妻子有出轨行为。一次，米雪凤的姐夫来家做客，米和他多说了几句话，林丙昆就怀疑妻子同姐夫"有一腿"。待米雪凤的姐夫一走，林丙昆就用绳子反捆米雪凤的双手，将其按倒在地上，用皮带劈头盖脸地抽打起来，致米雪凤头部皮裂伤缝合了8针，肩背部多处皮下出血和软组织损伤。2006年6月，林丙昆酗酒后再次对米雪凤施暴，致米雪凤右臂肘关节骨折，左手掌肌腱断裂，部分功能丧失。林丙昆的亲朋好友对其酗酒滋事和殴打妻子的恶行给予严厉的谴责和批评，但林丙昆对此置若罔闻。他有时虽表示认错，过后却依然故我，只要他心中不快，就依然对米雪凤施暴。米雪凤感到这样的婚姻生活就如同恶魔的地狱，连最基本的人身安全都得不到保障。

2006年11月，米雪凤向当地法院起诉，要求与林丙昆离婚，依法分割其夫妻财产，并要求林丙昆给自己身体损害和精神损害赔偿3万元。林丙昆承认自己有过错，但不同意离婚。

石狮市人民法院受理此案，法院经审理查明，原告米雪凤所诉被告林丙昆在婚姻中对其多次实施暴力伤害的情况属实。原告要求与被告离婚，应予准许。另根据《婚姻法》第四十六条规定，因一方实施家庭暴力导致离婚的，无过错方有权向过错方请求损害赔偿，因此，对原告要求被告支付损害赔偿的请求也应予支持。随后，法院作出判决：准予原告米雪凤与被告林丙昆离婚；其夫妻共同财产按双方庭审时达成的协议履行；被告赔偿原告身体伤害的继续医疗费和康复费用1.8万元，精神损害抚慰金3000元;诉讼费50元由被告承担。

**案例分析**

本案是一起实施家庭暴力的典型案件。本案提示的两个问题是:第一,婚姻当事人一方对他方实施家庭暴力是准予离婚的法定事由之一;第二,一方对他方实施家庭暴力导致的离婚属于因一方明显过错导致的离婚,在离婚时,无过错方有权向对方请求损害赔偿。

关于离婚过错损害赔偿制度,将在离婚的权利、义务保障中详细阐释。

**2.夫妻之间的财产权利与义务**

(1)夫妻对共同所有的财产有平等的处理权。

第一,夫或妻在处理夫妻共同财产上的权利是平等的,因日常生活需要而处理夫妻共同财产的,任何一方均有权决定。第二,夫或妻非因日常生活需要对夫妻共同财产做重要处理决定,夫妻双方应当平等协商,取得一致意见。他人有理由相信其为夫妻双方共同意思表示的,另一方不得以不同意或不知道为由对抗善意第三人。

现在除了部分家庭分居留守外,农村夫妻结婚后大多数都是夫妻双方同时外出到一个城市打工。这样一来,虽然身份是农民工,但是和城市上班族一样,有工资,有奖金。夫妻在婚姻关系存续期间所得的财产为夫妻共有财产。

关于夫妻共同财产,主要包括:

①工资、奖金,指在夫妻关系存续期间一方或双方的工资、奖金收入及各种福利性政策性收入、补贴。

②生产、经营的收益,指的是在夫妻关系存续期间,夫妻一方或双方从事生产、经营的收益。

③知识产权的收益,指的是在夫妻关系存续期间,夫妻一方或双方拥有的知识产权的收益。

④继承或赠予所得的财产,是指在夫妻关系存续期间一方或双方因继承遗产和接受赠予所得的财产。对于继承遗产的所得,指的是财产权利的取得,而不是对财产的实际占有。即使婚姻关系终止前并未实际占

有,但只要继承发生在夫妻关系存续期间,所继承的财产也是夫妻共同财产,但《婚姻法》第十八条第三项规定的除外。

⑤其他应当归共同所有的财产。夫妻双方可以书面对婚姻关系存续期间的财产进行约定。

夫妻一方财产包括:

①一方的婚前财产。

②一方因身体受到伤害获得的医疗费、残疾人生活补助费等费用。

③遗嘱或赠予合同中确定只归夫或妻一方的财产。

④一方专用的生活用品。

⑤其他应当归一方的财产。

⑥军人的伤亡保险金、伤残补助金、医药生活补助费属于个人财产。

⑦结婚前,父母为双方购置房屋出资的,该出资应当认定为对自己子女的个人赠予,但父母明确表示赠予双方的除外。

除了夫妻共同财产,夫妻共同债务也需要夫妻双方共同清偿。

夫妻共同债务的范围包括以下几个方面:

①婚前一方借款购置的财产已转化为夫妻共同财产,为购置这些财产所负的债务。

②夫妻为家庭共同生活所负的债务。

③夫妻共同从事生产、经营活动所负的债务,或者一方从事生产经营活动,经营收入用于家庭生活或配偶分享所负的债务。

④夫妻一方或者双方治病以及为负有法定义务的人治病所负的债务。

⑤因抚养子女所负的债务。

⑥因赡养负有赡养义务的老人所负的债务。

⑦为支付夫妻一方或双方的教育、培训费用所负的债务。

⑧为支付正当必要的社会交往费用所负的债务。

⑨夫妻协议约定为共同债务的债务。

⑩其他应当认定为夫妻共同债务的债务。

对于夫妻中以一方名义对外举债应当如何认定其性质的问题,以债务形成时所处的时间阶段作为切入点,分成结婚前所欠债务和婚姻关系存续期间所欠债务两种情形进行认定。

第一,个人婚前债务。对一方婚前已经形成的债务,原则上认定为夫妻中一方的个人债务;债权人能够证明所欠债务用于婚后共同生活的,应当认定为共同债务,由夫妻双方共同偿还。上述两种情况的证明责任由主张权利的债权人承担。第二,婚姻关系存续期间以一方名义所欠的债务。按照司法解释的规定,属于婚姻关系存续期间以一方名义欠下的债务,原则上应当认定为夫妻共同债务,应该由夫妻共同偿还。但是,如果夫妻一方只要能够证明该债务确为欠债人个人债务,就可以对抗债权人的请求。

属于个人债务的情形主要有两种:一种是债权人与债务人明确约定这项债务属于个人债务;另一种是属于《婚姻法》第十九条第三项规定的情况,夫妻对婚姻关系存续期间所得的财产约定归各自所有的,夫或妻一方对外所负的债务,第三人知道该约定的,以夫或妻一方所有的财产清偿。

夫妻个人债务是指一方婚前所负债务或婚后与共同生活无关、为了个人的需要而负的债务,主要包括:

①婚前所负债务。

②夫妻双方约定由个人负担的债务,但以逃避债务为目的的除外。

③一方未经对方同意,擅自资助与其没有扶养义务的亲朋所负的债务。

④一方未经对方同意独自筹资从事经营活动,其收入确未用于共同生活所负的债务。

⑤夫妻一方因侵权行为造成他人人身、财产损害所负的债务。

⑥夫妻一方因继承遗产或接受遗赠,并且遗嘱或赠予合同中只归夫或妻一方的财产,因继承遗产、接受遗赠所应承担的被继承人、遗赠人的债务。

⑦夫妻双方因为感情不和,分居期间一方因生活需要所负的债务为夫妻一方个人债务。

⑧夫妻一方因违法犯罪行为所应承担的经济责任等。

(2)夫妻有相互继承遗产的权利。

《继承法》规定,配偶、子女、父母同为第一顺序法定继承人。我国法律保护公民的合法继承权。根据《继承法》和《婚姻法》的有关规定,夫妻

有相互继承遗产的权利。这种权利基于婚姻的法律效力,是以夫妻的人身关系为前提的。也就是说,只有合法的婚姻关系中的夫妻,才能相互继承对方的遗产。不具备合法婚姻关系的两性关系如未婚同居、婚外同居、重婚等的男女双方不具有互相继承遗产的权利。如果在继承开始前双方已经离婚,或者婚姻被宣告无效或者被撤销,生存一方亦无继承死者遗产的权利。

(3)家庭成员间的权利义务。

①父母对子女有抚养教育的义务;子女对父母有赡养扶助的义务。

②父母有保护和教育未成年子女的权利和义务。

③父母不得溺婴、弃婴和残害婴儿。

④子女可以随父姓,可以随母姓。

⑤在未成年子女对国家、集体或他人造成损害时,父母有承担民事责任的义务。

⑥非婚生子女享有与婚生子女同等的权利。

对于家庭成员间的权利、义务及保障,本书将在下一章中结合特殊群体而做具体介绍。


# 三、离婚的权利、义务及保障

随着男女婚姻关系的缔结,夫妻之间相互享有的权利和应当承担的义务也就随之而来,比如相互尊重的权利义务、相互扶养的权利义务、共同教育抚养子女的权利义务,等等。这些权利义务将一直伴随着双方,直到婚姻关系的解除。但一旦双方由于种种原因,中途婚姻发生变故,婚姻关系解除,所有的权利义务是否也因婚姻关系的解除而一同灭失?按照我国《婚姻法》及其他法律规定,婚姻关系解除了,仍有部分权利义务并不随着离婚而离掉。

## 1.对共同子女的抚养教育

**案例**

两年前,在农村集镇上经商的赵某与结婚十一年的钱女士因感情不和协商离婚,九岁的儿子淘淘(化名)由无固定职业的钱女士抚养,赵某每月支付抚养费500元。2015年12月的一天下午,儿子在玩耍中将玩伴九岁的子涵(化名)打伤,导致其右手小臂骨折,花去医疗费4000余元。事情发生后,钱女士主动承担了子涵的医疗费。2016年1月,赵某支付儿子抚养费时,钱女士以自己经济困难为由要其承担部分医疗费,赵某则以孩子由钱女士抚养为由,不同意支付。

**案例分析**

赵某应当承担全部或部分医疗费用。我国《婚姻法》第三十六条规定:"父母与子女间的关系,不因父母离婚而消除。离婚后,子女无论由父或母直接抚养,仍是父母双方的子女。离婚后,父母对于子女仍有抚养和教育的权利和义务。"也就是说,离婚后,赵某、钱女士仍然是淘淘的父母,这一自然的血亲关系不能因为双方婚姻关系解除了而消除,父母对子女的抚养、教育的权利义务也不能终止。同时,该法第二十三条规定:"父母有保护和教育未成年子女的权利和义务。在未成年子女对国家、集体或他人造成损害时,父母有承担民事责任的义务。"因此,淘淘造成他人的损害,应由其父母赵某、钱女士共同承担责任,但双方应协商,根据各自经济条件分别承担相应比例。

本案中,赵某经商,经济条件较好,钱女士无正当职业,经济条件较差,可以按照最高人民法院《关于贯彻执行〈民法通则〉若干问题的意见》第一百五十八条"夫妻离婚后,未成年子女侵害他人权益的,同该子女共同生活的一方应当承担民事责任;如果独立承担民事责任确有困难的,可以责令未与该子女共同生活的一方共同承担民事责任"的规定,由赵某全部或部分承担医疗费。

## 2.共同偿还婚内债务

**案例**

2009年10月1日,孙某与女青年李某经过三年自由恋爱,携手走进婚姻殿堂。婚后,夫妻进城共同经营一家建材商店。

其间,因资金紧张,孙某在向同学周某出具了一张借款人为孙某的借条后,借款 10 万元用于经营。2011 年 8 月,因第三者插足,二人协商对共同财产进行分割后,办理了离婚手续。2012 年春节期间,孙某的同学周某向其讨要借款,孙某支付 10 万元借款后,找到李某,以离婚时未对共同债务进行分担为由要其承担部分借款。李某以借款是孙某以个人名义借款为由,不同意承担。

**案例分析**

李某应承担部分借款的还款义务,孙某也有请求李某共同偿还婚内借款的权利。

《婚姻法》第四十一条规定:"离婚时,原为夫妻共同生活所负的债务,应当共同偿还。共同财产不足清偿的,或财产归各自所有的,由双方协议清偿;协议不成时,由人民法院判决。"最高人民法院在《〈婚姻法〉司法解释(二)》中第二十四条规定:"债权人就婚姻关系存续期间夫妻一方以个人名义所负债务主张权利的,应当按夫妻共同债务处理。"由此可见,对于在婚姻关系存续期间,一方以个人名义借款,用于家庭生活、经营的,应由夫妻双方共同承担还款义务。

本案中,孙某所借款是在二人婚姻关系存续期间,且是用于二人共同经营的商店,应为夫妻共同债务,应由二人共同偿还。孙某全部偿还借款后,有权利要求李某承担部分还款义务。如果双方协商不成,孙某可到法院起诉,请求法院判令李某承担部分债务。

### 3.探望、协助探望子女

**案例**

2009 年 4 月,因性格不合,吴某与妻子郑某由法院判决离婚,财产由双方协商,原住房一套归妻子郑某所有,五岁的女儿由郑某抚养。离婚之初,吴某每逢节假日去探望女儿时,郑某都能提供方便,让女儿跟随父亲外出。2011 年 12 月,因吴某再婚,郑某担心女儿和父亲一起时会受到伤害,就以不利于孩子成长等为由阻拦吴某与孩子接触,并拒绝吴某探望女儿。

**案例分析**

郑某拒绝吴某探望女儿的做法是错误的。《婚姻法》第三十八条规定:"离婚后,不直接抚养子女的父或母,有探望子女的权利,另一方有协助的义务。"父母离婚后,子女无论由何方抚养,仍是双方的子女,父母与子女的法律关系并未解除,双方仍然拥有抚养教育、探望的权利义务。抚养一方有协助另一方探望孩子的义务,只是各自抚养教育的形式不同而已。

本案中,吴某可就行使探望女儿权利的方式、时间、地点等,与郑某进行协商。如果经过协商,郑某仍然不同意吴某探望女儿,吴某可以到法院起诉,要求行使对女儿的探望权。但是,如果吴某在探望女儿过程中,有不利于女儿身心健康的行为,郑某则可以申请法院依法中止其探望的权利,待中止的事由消失后,才能恢复探望的权利。

## 4.支付抚养费

**案例**

2013 年,张先生和李女士离婚后,双方对关于财产和子女问题进行了书面约定,李女士单独抚养孩子,张先生不需支付费用。2014 年 2 月,李女士起诉到当地法院,要求张先生每月支付抚养费 1000 元。最后法院判决张先生每月支付 700 元。在另一案中,朱先生和王女士离婚时,法院判决朱先生每个月向王女士支付 500 元的孩子抚养费。2015 年 12 月,王女士以物价上涨和孩子上幼儿园开支增加为由向法院请求增加抚养费,法院查明双方收入和抚养孩子开支后,支持了王女士的请求,抚养费增加到每月 800 元。

**案例分析**

法院确定子女抚养费的数额,主要从以下三个方面考量:一是子女的实际需要,包括生活费、教育费和医疗费及其他必要的开支。在校接受高中及以下学历教育的教育费应当负担,

但是上收费较贵的私立学校、贵族学校所多支付的择校费用、赞助费,不属于抚养费。抚养费以必要为限,子女购买电脑手机、外出旅游、购买商业保险的费用等一般不能计入。二是父母双方的负担能力。有固定收入的,抚育费数额可以按其月总收入的20％至30％比例给付;没有固定收入的,可以依据当年总收入或同行业的平均收入,由法院酌情确定。三是合理负担。离婚后收入较高的应当提高负担比例,不承担抚养孩子的一方也应当适当多负担。抚养费可以变更,遇到物价上涨、对方收入提高或者孩子患病等特殊情况,一方可以请求增加,一方经济陷入困难,而对方又有能力承担的情况下,可以请求减少。

## 5.抚养孩子

### 案例

岳女士和夏先生在2008年协议离婚,主动放弃女儿的抚养权。由于夏先生常年在外工作,女儿由夏先生的父母照顾。2014年2月,岳女士以夏先生父母年事已高和女孩宜由母亲抚养为由,向法院请求将女儿变更为自己抚养。夏先生以岳女士自愿放弃抚养权和女儿长期和自己生活两个理由进行抗辩。后来,法院当庭征询其女儿的意见后,根据孩子的意见,判决孩子由岳女士抚养。在另一起案件中,王先生在离婚时取得了孩子的抚养权,但其后经常在外打牌,导致孩子学习成绩不理想,其妻以此为由向法院请求变更孩子抚养权,得到法院支持。

### 案例分析

父母离婚后,子女随哪方生活,一般是根据"有利于子女健康成长"的原则来决定。两周岁以下的子女,一般随母方生活。母方患有久治不愈的传染性疾病或其他严重疾病或者子女确实无法随母方生活的可随父方生活。如果子女是已满十周岁的未成年人,应当征求孩子的意见。如果与子女共同生活的一方因患严重疾病或因伤残无力继续抚养子女的,或者有不尽抚养义务,虐待子女或其他不利子女身心健康的,另一方可向法院起诉变更抚养权。另外在有利于保护子女利益的前提下,父母双方协议轮流抚养子女的,法院也会准许。

根据《婚姻法》的有关规定:父母与子女间的关系,不因父母离婚而消除。离婚后,子女无论由父或母直接抚养,仍是父母双方的子女。离婚后,父母对于子女仍有抚养和教育的权利和义务。离婚后,哺乳期内的子女,以随哺乳的母亲抚养为原则。哺乳期后的子女,如双方因抚养问题发生争执不能达成协议时,由人民法院根据子女的权益和双方的具体情况判决。离婚后,一方抚养的子女,另一方应负担必要的生活费和教育费的一部或全部。负担费用的多少和期限的长短,由双方协议;协议不成时,由人民法院判决。关于子女生活费和教育费的协议或判决,不妨碍子女在必要时向父母任何一方提出超过协议或判决原定数额的合理要求。

## 6.损害赔偿

### 案例

2005年5月,农村女青年王某与冯某经朋友介绍相识相爱,三年后喜结连理。婚后,二人分工协作,男主外女主内,日子过得和谐安定。冯某在批发市场经营一服装商店,几年打拼后,二人过上有车有房有存款的富足生活。2012年7月,冯某对在自己商店打工的一女孩产生好感而有了婚外情。之后,冯某常常夜不归宿,并时常酒后大打出手,殴打妻子王某。考虑孩子年幼,自己无固定收入,王某无奈接受现实。2014年5月,冯某到法院起诉,要求与王某离婚。法院在依法分割共同财产后,判决二人离婚。2015年4月,经朋友指点,王某找到前夫冯某,以其在婚姻关系存续期间对自己实施家庭暴力为由,让冯某赔偿其精神损害10万元。冯某以婚姻关系已解除、财产已经分割为由,不同意赔偿。

### 案例分析

王某在离婚后一年内有权请求冯某赔偿,冯某有因自己实

施家庭暴力而承担赔偿损害的义务。

《婚姻法》第四十六条规定："有下列情形之一，导致离婚的，无过错方有权请求损害赔偿：（一）重婚的；（二）有配偶者与他人同居的；（三）实施家庭暴力的；（四）虐待、遗弃家庭成员的。"对于提起损害赔偿的时效，按照最高人民法院《关于适用〈中华人民共和国婚姻法〉若干问题的解释（一）》第三十条的规定，如果离婚诉讼是无过错方提起的，即无过错方是原告，那么他（她）对对方的损害赔偿请求应当在离婚诉讼的同时提出；如果离婚诉讼是有过错方提起的，即有过错方是原告，无过错方是被告，那么无过错方对对方的损害赔偿可以在离婚后一年内另行起诉。

关于家庭暴力导致离婚过错赔偿的范围，据最高人民法院《关于适用〈中华人民共和国婚姻法〉若干问题的解释（一）》第二十八条，既包括物质损害赔偿，也包括精神损害赔偿。物质损害赔偿主要指施暴人应对受害人身体受到伤害后继续就医治疗所需要的费用（如后续治疗费、康复费）、因伤致残而增加的生活必要支出费用（如残疾辅助器具费）以及因丧失或部分丧失劳动能力致使收入减少的赔偿。涉及精神损害赔偿的，适用于最高人民法院《关于确定民事侵权精神损害赔偿责任若干问题的解释》的有关规定。

关于赔偿的具体数额，通常由受诉法院根据施暴人的过错程度，受害人身体、精神受伤害的程度，受害人住所地城镇居民人均可支配收入、农村居民人均纯收入、城镇居民人均消费性支出、农村居民人均年生活消费支出、职工平均工资的标准等因素衡量计算后决定。

本案例中，冯某是有过错方，且离婚诉讼是由其提出的，作为无过错方的王某有在离婚后一年内向冯某提出损害赔偿的权利，冯某应当承担赔偿的义务。如果冯某拒不赔偿，王某可在离婚后一年内，即2015年5月前向当地法院提起赔偿诉讼，请求判决冯某赔偿因过错而对王某造成的物质损害和精神损害。

### 7.分割隐瞒共同财产

**案例**

2008年12月,陈某与诸某登记结婚。2015年3月,因陈某沉溺赌博,诸某向法院起诉要求离婚。法院受理调解无效后,判决两人离婚,并对共同财产进行分割。4月,诸某发现陈某在婚姻关系存续期间购买的彩票中奖10万元,在财产分割时,陈某隐匿,未对此笔款项进行分割,遂找到陈某要求分割该笔款项。

**案例分析**

诸某有权要求分割,陈某则有义务分割该笔款项。离婚时,有的当事人为了占有更多的财产,常常有隐瞒夫妻共同财产的行为。为了防止这种行为侵害另一方的权益,《婚姻法》第四十七条规定:"离婚时,一方隐藏、转移、变卖、毁损夫妻共同财产,或伪造债务企图侵占另一方财产的,分割夫妻共同财产时,对隐藏、转移、变卖、毁损夫妻共同财产或伪造债务的一方,可以少分或不分。离婚后,另一方发现有上述行为的,可以向人民法院提起诉讼,请求再次分割夫妻共同财产。"根据这一规定,一方发现另一方有上述行为的,可向法院请求再次分割隐瞒的夫妻共同财产。但是,提起诉讼要在法律规定的期限内。根据《关于适用〈中华人民共和国婚姻法〉若干问题的解释(一)》第三十一条规定,请求再次分割夫妻共同财产的诉讼时效为两年,自当事人发现之日起计算。

该案中,陈某在婚姻关系存续期间,购买彩票中奖所获得款项应为夫妻共同财产,在诉讼离婚时,应当将该笔财产与其他共同财产一并进行分割。诸某在离婚后发现陈某隐匿该笔财产,有权利到法院起诉,要求对该笔财产进行分割。

# 四、救助措施

救助措施,在我国《婚姻法》里是指救助义务组织或机关根据遭受家庭暴力、虐待、遗弃的受害人的请求为其提供各种救援和帮助的方式和方法。

对家庭成员施暴、虐待等是一个世界性问题。在以往很长时间内，这一问题并没有引起人们足够的关注。直到上世纪70年代以后，这个问题才引起国际社会的普遍重视。我国就是在这一时期制定了一系列处罚、制裁家庭暴力及虐待与遗弃行为的民事法律、行政法律和刑事法律。

虽然有了相关的法律规范，但实行效果并不尽如人意，我国的家庭暴力、虐待和遗弃的现象依然严重，家庭中的弱势群体的人身权利和其他权利还没能得到切实的保护。究其原因，首先，家庭暴力、虐待类违法行为通常都发生在家庭内部，较为隐蔽，局外人不易察觉；即便有所察觉也因加害人和受害人之间是家庭成员关系等因素而不想或不便干预。相关组织和机关虽可做一些劝阻、调解工作，但也因缺乏法律上的明确授权而无法直接介入干预。这使得很多家庭暴力、虐待行为发生时，受害人虽可通过控告申诉、诉讼追究加害人的法律责任，但他们又往往顾及自己的隐私的维护或不愿意看到自己的亲人受到法律的制裁而隐忍作罢，诉讼程序的繁杂和耗时也令不少想主张自己权利的受害人却步，这又使得加害人的施暴更加无所顾忌。因此，制定更为实际有效的救助制度迫在眉睫。

"救助措施与法律责任"是我国2001年《婚姻法》新增设的一章，其中"救助措施"制度，赋予遭受家庭暴力、虐待和遗弃行为侵害的受害人得到法定救助义务组织和机关及时救助的请求权和获得法律救济的方式的选择权；明确了实施救助的组织是基层村民委员会、居民委员会及当事人所在单位，实施救助的机关是公安机关；明确了对受害人实施救助是他们必须履行的义务和职责；规定了受害人提出救助请求为救助义务组织和机关介入救助的条件，以此保证在家庭成员受到家庭暴力、虐待和遗弃行为侵害时，按照他们的意愿（以加害人的行为尚未构成犯罪为限度）获得及时救助。

救助措施是在特定情形下对主体权益受侵害时施以法律救济的一种方法，它与传统意义上的民事权利保护的自力救济和公力救济方式有所不同。

救助措施具有以下特征：

第一，我国《婚姻法》上的救助措施仅适用于一家庭成员遭受其他家庭成员的家庭暴力、虐待、遗弃等行为伤害的场合，受害人与加害人为共同生活的家庭成员，他们之间既有法律上的权利义务关系，又有密切的生活关系和情感联系。

第二，救助措施是一种使遭受家庭暴力、虐待、遗弃伤害的受害人得到及时救援和帮助的非诉性的方法。当某家庭成员遭受家庭暴力、虐待、遗弃行为伤害时，她（他）可以在必要时，及时向救助义务组织或机关提出救助请求，以获得及时的救助，避免遭受现实的伤害和侵犯。家庭暴力、虐待、遗弃行为的受害人虽然可以通过诉讼方式寻求救济，但因需经繁复的司法程序，耗时较长，其现实所受的伤害往往不能得到及时救助；而且鉴于受害人与加害人之间的特殊关系，很多受害人并不希望与加害人对簿公堂，激化双方的矛盾。众多事例表明，诉讼救济方式在很多情况下并不能使受害人的权益得到切实的维护。而救助措施为家庭暴力、虐待、遗弃行为的受害人提供了一种程序简便、救助及时、不易激化家庭矛盾的权利救济方式，也避免了国家司法机关在非犯罪的情形下过多地、主动地介入婚姻家庭的矛盾冲突。

第三，救助措施意在通过适当的方式使家庭暴力、虐待、遗弃行为的受害人得到及时救助的同时，化解家庭矛盾，促成当事人的和解，防止更严重的暴力伤害等犯罪行为的发生。基于促成受害人与加害人和解这一基本目标，法律规定由村民委员会、居民委员会及当事人的所在单位承担通常情况下的救助义务。村民委员会、居民委员会及当事人的所在单位是城乡基层群众性自治组织，不体现有强制性的国家公权力，它们对于当事人的情况和家庭有一定的了解，由他们出面对家庭暴力、虐待、遗弃等行为进行劝阻、调解，更容易收到当事人和解的效果。而对于正在实施的家庭暴力，公安机关依职权可以及时介入制止。公安机关作为国家公共秩序的维护和管理机关，它的适时介入能使受害人及时摆脱暴力侵害。同时，公安机关有权依法对加害人作出行政处罚，这对加害人的威慑作用是不言而喻的，可以防止加害人的进一步施暴行为。

我国《婚姻法》规定的救助措施的具体方式是：劝阻、调解、制止、对加害人予以行政处罚、令其承担民事责任和追究其刑事责任。其中居委

会、村委会及所在单位的救助措施，限于劝阻和调解；公安机关的救助措施是制止正在进行的家庭暴力和根据受害人的请求对加害人予以行政处罚；人民法院要做的是依法判令加害人承担民事责任，人民检察院的职责是依法对犯罪嫌疑人提起公诉，追究其刑事责任。

### 案例

　　浙江省绍兴市某地村民禹某，自从五年前她的丈夫去世后，她始终未改嫁，还和丈夫的家人住在一个院子里。禹某的丈夫死后不久，她的公公就因房产问题和她发生了纠纷。禹某的公公认为禹某住的房子是他的，因为土地证上的名字是他的；而禹某认为丈夫虽然死了，但和丈夫的原住房自己应该有份。为此，双方不时发生争吵，只要一吵架，禹某的公公、小叔就打她。无助的禹某只好到村委会去哭诉。村委会了解情况后，派人上门调解，并对禹某的公公和小叔的打人行为进行严厉批评。但过后，禹某的公公和小叔还是照样打她。村委会干部多次做工作都未能奏效。一次，禹某被公公和小叔打伤送进医院救治，当地公安机关接到举报后介入调查处理，对禹某的公公和小叔进行了处罚。

　　2013年12月13日晚，禹某从娘家回来，刚一进门因与公公拌了两句嘴，立刻就遭到了公公和小叔的毒打。邻居听到禹某的呼救声，赶忙去找村干部。村干部和一些村民闻讯赶来冲进禹某家院门，眼前的一幕令他们惊呆了，只见禹某倒在地上，已昏迷，头上身上全是血，她身边有一把铁锹和一根折断的木棒。大家赶忙把禹某送到医院。医院立刻对禹某进行抢救。但终因伤势过重，半小时后，禹某死亡。经查，禹某的颅脑和身体其他部位多处有损伤。

　　事发后，警方迅速将禹某的公公和小叔拘留，两人均受到了法律的严惩，为自己的暴力付出了惨痛的代价。

### 案例分析

　　本案是一起丧偶儿媳妇遭受公公、小叔暴虐致死的案件。在中国社会走向法治和文明的今天，在婚姻家庭领域仍然发生本案这样暴戾的事件引人深思。其中,最值得我们思考的问题是:我国在法律上已经制定了一系列反对家庭暴力,对婚姻家庭中的弱势群体实施救助的制度和措施,这些制度和措施在遏制家庭暴力方面发挥应有的作用了吗?被害人遭到家庭暴力时,曾求助于村委会和公安机关,村委会也多次出面做调解工作,公安机关也曾出警处理,对施暴者给予过处罚,为什么最终还是没能避免悲剧的发生?

毋庸置疑,我国的《婚姻法》所规定的救助制度明确了相关救助义务组织和机关的救助职责、应采取的救助方式,保证了相关的救助组织和机关在实施救助时有法可依,发挥了其应有的作用。但问题仍旧是存在的,归结起来,既有制度层面的,又有实施层面的。

首先,我国《婚姻法》及很多地方性法规所规定的家庭暴力受害人的救助措施在内容上还很粗宽,规范的结构体系也不严整,不便于执行和检查。如《婚姻法》仅规定,对家庭暴力或虐待,受害人提出请求的,居民委员会、村民委员会以及所在单位应当给予劝阻、调解。这里的应当给予劝阻、调解是一般性要求还是法定义务显得非常含混。这就造成了救助时有很大的随意性,没有对救助义务的具体约束,并且对履行效果无从评价,这就很难保证其全面适当地履行。

其次,居民委员会、村民委员会以及家庭暴力施暴人、受害人的所在单位等救助义务人履行救助义务不到位,影响了救助效果。如救助义务人接到家庭暴力受害人的求助请求后,其应做的劝阻、调解工作做得不及时,有的投入不够、工作敷衍,有的方法简单、方式不当,还有的调解干部对介入家庭内部的"断家务事"有畏难情绪,对调解平息事端、消除当事人积怨、化解矛盾不抱希望,缺少工作热情和动力。

最后,居民委员会、村民委员会以及家庭暴力施暴人、受害人的所在单位在家庭暴力发生时或发生后对家庭暴力受害人的救助在客观上具有局限性,它们不是国家执法机关,对施暴人无处罚权,故而无威慑力。另外,随着我国的体制改革,无论

是居民委员会、村民委员会这样的基层群众自治组织，还是各种性质的单位，都更加专注于自身的职能，他们与家庭暴力施暴人之间的关系也在发生变化，因而对施暴人可施加的影响越来越小。因此，家庭暴力发生时，救助组织所起到的作用是很有限的。

对于一些轻微的家庭暴力，救助组织的劝阻、调解是适用的，但对于当事人之间矛盾较深、施暴人施暴程度强且屡教不改、经多次调解无效的，应改用其他方法。对于很多家庭暴力案件，公安机关的介入是极为重要的。特别是对于正在实施、有重大人身伤害危险的家庭暴力，公安机关若能及时到现场，就有可能控制事态，制止施暴人的持续施暴，避免恶性结果的发生。

家庭暴力具有隐蔽性、突发性的特点，要遏制家庭暴力，需要采用综合的方法。主要应做的工作是：

其一，尽快完善我国对家庭暴力受害人的法律救助制度，争取尽早出台内容较完善的反家庭暴力的专门法律；明确各救助机关和组织的职权、义务和法律责任；细化对受害人实施救助的法律程序。

其二，构建保护家庭中弱势群体的维权机制和救助体系。可由政府民政部门、司法行政部门、公安部门以及妇联组织、相关社区组织等组成反家庭暴力、救助受害人的联手工作机制，沟通信息，策划救助方案，按照各机关和组织的职能制定救助措施。

其三，加强反家庭暴力的宣传教育，增强家庭中弱势群体的自我保护意识。

归根结底，防范和制止家庭暴力，救助家庭暴力的受害人是全社会的任务，全社会的参与将形成监控、遏制家庭暴力的最强大的力量，这也是家庭暴力受害人得到有效救助的最有力的保障。

**案例**

辽宁省沈阳市农民彭仲与叶卉于 2008 年 5 月经人介绍认识，三个月后二人结婚。婚后叶卉开始发现彭仲脾气暴躁，稍不顺心就动手打人。叶卉已有几次被彭仲打伤。2009 年 4 月的一天,叶卉因参加同学聚会遭到阻拦与彭仲发生了争吵,暴怒之下,彭仲用绳子将叶卉捆绑起来,用皮鞭抽打,邻居听到后立即打电话报警。不料当地派出所接到报案后,认为这是夫妻间的家庭矛盾,当事人也未提出求助请求,派出所不好随便介入,遂未派警员出警。后来,还是众邻居出面,制止了彭仲的施暴。此时,叶卉已经被殴打了一个小时左右,致使身体多处受伤,随即被送往医院治疗,共花去医疗费 2300 元。从医院回来后,叶卉在家休养了一个多星期。

事后,叶卉听说了邻居曾向公安机关报警的事情。她认为,公安机关在接到报案后,应当履行职责,制止丈夫对自己施暴公安机关未能履行职责才使自己被打伤去就医和疗伤,应赔偿自己所受的损失,遂向当地人民法院提起诉讼,要求公安机关赔偿其医疗费、误工费等损失 5000 元。

沈阳市某区人民法院受理了此案。在诉讼中,被诉公安机关以原告在受到家庭暴力侵害时,本人并未向其提出求助为由为自己未及时出警的行为辩解。法院经审理认为,根据我国《婚姻法》相关规定,对于正在实施的家庭暴力,公安机关在接到报案后应当出警予以制止。本案被告在获知原告正在遭受家庭暴力侵害的情况后,未履行其法定职责,以致施暴人对原告的施暴持续了一个小时,造成原告的身体伤害,原告为此花费了医疗费,也造成了误工损失。这些与被告的不作为行为之间存在因果关系,因此应承担相应的法律责任。被告的抗辩理由不成立。最终,法院根据相关规定,判决被诉公安机关赔偿原告叶卉医疗费、误工费等损失 3000 元。

**案例分析**

本案是一起家庭暴力受害人投诉其当地公安机关接到报案后未能及时出警制止家庭暴力,造成自己的身体伤害,要求该公安机关赔偿自己所受损失的行政诉讼案件。而本案的焦点是:对于正在实施的家庭暴力,公安机关是否应及时出警制止?这是否为公安机关的法定职责?履行该职责是否需以家

庭暴力受害人提出请求为条件？

　　对于正在实施的家庭暴力，公安机关介入干预无须以受害人提出救助请求为条件。因为，首先，从《婚姻法》的规定上看，制止正在实施的家庭暴力是公安机关的法定职责。法律将"家庭暴力"分为"正在实施的家庭暴力"和"已发生的家庭暴力"，可以认为这是两个不同阶段或状态的家庭暴力。对于像本案中的"正在实施的家庭暴力"，规定的对受害人予以救助的职责是："受害人有权提出请求，居民委员会、村民委员会应当予以劝阻；公安机关应当予以制止。"此时，公安机关的救助应是主动介入，这里的"受害人有权提出请求"仅是一项独立的授权性规定，旨在从法律上确认家庭暴力受害人的求助请求权，而非公安机关履行"制止"职责的条件。而对于"已发生的家庭暴力"，受害人应予以的救助职责是："实施家庭暴力或虐待家庭成员，受害人提出请求的，公安机关应当依照治安管理处罚的法律规定予以行政处罚。"此时，公安机关的救济须是"被动"性介入，可解释为：只有当受害人提出请求时，公安机关才应当依照治安管理处罚的法律规定予以行政处罚。其次，从公安机关的职能上看，制止正在实施的家庭暴力应是它的法定职责。无论是从制止严重的违法犯罪、维护社会治安的角度，还是从及时取得治安案件或刑事案件违法犯罪证据的角度，当家庭暴力正在实施时，公安机关都应当迅速出警，赶赴现场，制止施暴行为，制作现场勘验笔录，调查取证，并根据施暴人暴力行为的性质、情节、后果等对案件作出处理。

# 第 五 章

## 特殊人群的婚姻权利、义务及保障

根据《中华人民共和国老年人权益保障法》第二条规定,老年人是指六十周岁以上的公民。老年人在早年曾为社会创造过财富,为家庭的建设奉献过时间和精力,理应得到尊重和关心。除了拥有和其他公民同等的婚姻自由等权利以外,老年人还拥有被赡养等权利。随着城镇化进程的加快,许多农民正在变身为市民。而且,年轻人进城打工的背景下,农村和城市的联系越来越紧密,在婚姻家庭生活及孝老爱亲方面,在法律方面完全一致。因此,本章案例不拘于农村,选择了许多典型的城乡案例,供广大农民朋友参考。

# 一、老年人婚姻权利、义务及保障

## (一)老年人再婚的主要障碍

现实生活中,老年人恋爱和结婚常常会遇到种种的干涉和阻力,引起家庭纠纷、家庭关系紧张,甚至造成悲剧。通常造成老年人再婚的障碍主要有以下几种:

### 1.老年人本身旧观念的障碍

传统的观念把老年人再婚看成是不光彩的事。老年人本身受这些观念的影响也往往给自己泼凉水,怕再婚会引起别人的耻笑。他们认为对性欲冷淡才是高尚的,自己都这把年纪了,还谈什么恋爱。他们没有想到,老年人也是人,他有权利按自己的意志来自由地恋爱和结婚。

### 2.子女造成的障碍

有许多老年人再婚受到子女的反对。好不容易谈妥了的婚事,就因为子女关过不了而被迫解除。老年人双方都有意,就是结合不了。小辈们把父母永远钉在了"父母"的位子上,而不是把他们看作同自己一样的人。他们根本没有为父母着想过,风烛残年的父母是单身孤零零地活着好呢,还是幸福地有意义地生活着好。

子女反对父母再婚一般有几种理由:如遗产会落入他人之手;会让人说是因为晚辈对长辈不孝,长辈方会出此下策;会愧对已故的亲长;不愿照顾护理继母(继父)等。因经济原因反对的占绝大多数。有积蓄的

老年人再婚,受到子女干涉阻止的程度,比积蓄不多的老年人再婚要严重得多。无经济来源的老年人再婚,遭到子女的反对干涉就少些。

### 3.居住及经济条件造成的障碍

在目前居住条件偏紧的情况下,增多的家庭人口会影响现有的居住条件。此外,有些老人缺乏足以维持独立生活的收入,因而,造成他们再婚障碍。必须健全社会性保障制度,同时,使老年人认识到应把财产投资到自己的老年生活中去,才能消除这一障碍。

### 4.社会因素造成的障碍

社会因素一方面指社会上舆论对老年人再婚的压力。有些人认为老年再婚是耻辱的。有些人认为老年人再婚不符合我国国情。特别是有的老年人与年龄比自己年轻的中年人结婚,社会舆论的压力更大。高龄老人要求再婚,更是舆论哗然。另一方面,社会缺乏为老年人恋爱、结婚服务的咨询机构和专家。即使有不少婚姻介绍所,也大多数是面向年轻人的。

## (二)老年人有婚姻自由的权利、义务及保障

婚姻自由既包含了年轻人的结婚自由,也包括老年人的结婚自由。老年人作为公民,拥有婚姻自由的权利,任何人无权干涉或者阻碍老年人的婚姻自由。2001年修正的《婚姻法》第三十条特别规定:“子女应当尊重父母的婚姻权利,不得干涉父母再婚以及婚后的生活。”它的内容有三个方面的含义:一是不许干涉老年人的婚姻权益;二是不许干扰老年人的婚后生活;三是不能因为老年人再婚而逃避对老人的赡养义务。《中华人民共和国老年人权益保障法》第二十一条也规定:“老年人的婚姻自由受法律保护。子女或者其他亲属不得干涉老年人离婚、再婚及婚后的生活。”

老年人要求再婚,找一个自己满意、能共同安度晚年的伴侣是合情、合理、合法的。婚姻自主权作为一项基本人权,是每个人的基本权利之一,任何人都不得加以干涉,即使亲生子女也无权干涉和指责。

### 1.老人再婚,子女不同意怎么办

**案例**

张大妈当了一辈子农民,膝下的三儿两女也都很孝顺。本来生活和和睦睦,可由于张大妈的老伴去世得早,眼看着儿女们也都结婚生子,有了自己的生活,她时常感觉心里空荡荡的。且因为早年过于辛劳,她经常生病,而身旁又无人照应。看见张大妈孤单,邻居为张大妈介绍了也是孤单一人的王大爷。两人相互陪伴,你来我往产生了感情,就萌发了结婚的念头。张大妈试探儿女们对此的意见,谁知他们完全不能接受。张大妈只得偷偷和王大爷去领了结婚证,两个人住到了一起。王大爷的子女听闻此事,便日日轮番到他们家闹,说他们结婚没有经过他们的允许,说王大爷那么老还想着娶老婆,是"老风流","死后怎么去见已故的母亲"。而且王大爷家境并不富裕,且还有个儿子。张大妈的儿女们还担心以后的遗产分割遇到问题,就逼着张大妈立遗嘱。遗嘱刚立好,他们又几次悄悄潜入张大妈家,把家里值钱的东西都席卷一空。张大妈和王大爷天天心力交瘁,不胜其扰,无奈之下,两个本打算相依为命的老人只得离婚。

**案例分析**

社会上,一些封建传统观念的影响依然存在,一些子女认为父母不应再婚。特别是受"好女不嫁二夫""女子从一而终"的封建思想影响,认为母亲再婚是一种伤风败俗的事情。子女的阻碍和世人的眼光,成为老年人再婚最大的阻碍。

事实上,《宪法》《婚姻法》所规定的婚姻自由是全体公民享有的权益,不是年轻人的专利,老年人也有婚姻自由的权利。老年人应该学法懂法,运用法律武器维护自己的合法权益。张大妈虽养育了三儿两女,在处理个人问题时却一筹莫展,最后采取妥协的态度,与王大爷离婚。而子女无权干涉父母的再婚。案例中张大妈面对子女恶劣的态度,最终还是顾及母子情谊,选择妥协,放弃了晚年的幸福。官司可以通过法律解决,但

感情的裂痕是难以弥补的,子女们在处理此类问题的时候,应该照顾到老年人的感受。

### 2.子女想要包办老人的婚姻怎么办

**案例**

郑欣荣是一名农村民办教师。由于老伴去世得早,他一个人将儿子郑启航拉扯大。两人住在郑原学校分配的房子里。而由于郑启航长大后不务正业,所以一直娶不到老婆。在郑启航四十岁的时候,亲戚给他介绍了一位老家的姑娘,两人进展神速,很快就到了谈婚论嫁的地步。这时候,姑娘家提出,要小两口自己单住,也就是说不愿和郑欣荣住在一起。由于该镇新兴开发,房价飙涨,郑欣荣无力为儿子再买新房。郑启航一盘算,决定为父亲定一门婚事。他将目标锁定在父亲以前的女同事吴爱玲身上。吴爱玲已退休,也是单身,住在同一小区单位分配的房子里。郑启航没有和父亲打招呼,擅自向吴爱玲提亲,等吴应承下来,才告知郑欣荣。郑欣荣虽然不喜欢吴爱玲,但为了儿子的幸福,一咬牙接受了安排,和吴爱玲领了结婚证。很快,郑欣荣搬去了吴家,而郑启航也将媳妇娶回了家。但是婚后,郑欣荣和吴爱玲经常起摩擦,非常不幸福。有一次,两人发生口角,吴爱玲一气之下把郑欣荣逐出家门。郑无奈之下只得去找在同一小区居住的儿子。然而强悍的儿媳知道是他来,坚决不开门,郑启航也不敢吭声。郑欣荣只得露宿街头。忍无可忍的他终于向法院提起诉讼,要求和吴爱玲离婚,并要求儿子归还房屋,每月支付赡养费。法院经审理后,判决郑欣荣和吴爱玲离婚,儿子将房屋归还,并每月支付赡养费 300 元。

**案例分析**

包办婚姻过去多是指父母包办子女的婚姻,而现在竟然出现为了私利强迫父亲再婚的情况。这是近年来出现的新情况。虽然数量不多,但是情节恶劣。老年人也有婚姻自由。郑欣荣正确地运用法律武器维护了自己的合法权益,但父子之间的情义也荡然无存。

根据《老年人权益保障法》，即使是在父母再婚以后，儿女依然有赡养父母的义务。郑启航以抛包袱的形式让郑欣荣再婚，实际上是不可行的。在法律上，他仍有赡养老人的义务。

### 3.老人能不能和亲家结婚

**案例**

王庆华老人最近比较烦。三年前，儿子把交往多年的女友娶回了家。孝顺的儿子和儿媳妇考虑到他单身，年事又渐高，要求同住。而儿媳妇也将同是单身需要照料的母亲林爱青接到家里来住。一家人关系融洽、和和美美。可相处了一年以后，王庆华老人和亲家母你来我往之间竟产生了感情。他们俩经过痛苦的思想挣扎，还是将此事同儿子儿媳和盘托出，说想"亲上加亲"，准备结婚。儿子儿媳非常诧异，表示不能接受，而且告诉他们，姻亲之间是不能结婚的。王庆华老人陷入了苦闷。

**案例分析**

事实上，姻亲之间是可以结婚的。根据《婚姻法》第七条的规定，禁止结婚的情形包括：

①直系血亲和三代以内的旁系血亲。

②患有医学上认为不应当结婚的疾病。

可见，姻亲间是否能够结婚，我国《婚姻法》并无明确规定，而且其他相关的法律也没有明确禁止的条款。但姻亲之间能否结婚的障碍并非在于法律层面，而是在于社会伦理和社会价值取向的层面。在一个法治国家，既然法律层面没有禁止，如果当事人在心理上能够经受社会反向舆论的冲击，那么没有任何人有权利阻止他们结婚的行为。而随着社会的发展，人们的思想逐渐放开，人们的言论对于私人感情问题的影响逐渐减弱，姻亲之间可以结婚这个事实已经为一部分人所接受。王庆华和林爱青之间有感情，要结婚，法律并无明文禁止，所以只要

他们真心相爱,完全可以冲破阻挠,登记结婚。作为他们的子女,应该尊重父母经过慎重考虑后的选择。

现在社会上不仅有公公和丈母娘结婚的情况,公公娶儿媳、岳母下嫁女婿的情况也有出现。这种现象虽然不合理,甚至有些人认为是"乱伦",但是由于法律并没有明确禁止,所以这种现象也不违法。

### (三)老年人被赡养权益的维护及保障

我国《婚姻法》第二十一条规定,子女对父母有赡养扶助的义务,子女不履行赡养义务时,无劳动能力的或生活困难的父母,有要求子女付给赡养费的权利。赡养是指子女在物质上、经济上提供必要的生活费用和用品。扶助是子女给予父母精神上的安慰和生活上的照料。

老年人养老有三大需求:经济需求、生活照料和精神慰藉,赡养人必须从经济上、生活上以及精神上三方面履行赡养义务。

第一,对老年人的经济供养。

包括对无经济收入或收入较低的老年人,赡养人要支付必要的生活费,保证老年人的基本生活需要;对患病的老年人应当提供医疗费用和护理费用;对缺乏或者丧失劳动能力的农村老年人的承包田,赡养人有义务耕种,并照顾老年人的林木和牲畜等,收益归老年人所有。

第二,对老年人生活上的照料。

主要指当老年人因患病卧床、行动不便或患老年痴呆症等原因,致使生活不能自理时,赡养人要照顾老年人日常的饮食起居。

第三,精神上的慰藉。

这是指赡养人应当经常看望或者问候老年人,尽力使老年人的晚年生活过得愉快、舒畅。

一项调查显示,只有40%左右的儿女能够每个星期去看望父母,而多数儿女只是在逢年过节或是老人生日的时候才会回来,还有极少数一年也不回一次家,甚至连个电话都没有。很多老人或怕儿女担心,怕影响儿女工作学习,自己默默承担着这份孤独和寂寞。所以,当《常回家看看》唱响千家万户时,有多少老年人热泪盈眶,又能有多少做儿女的会扪心自问,会陷入深深的自责。

子女对父母的赡养不仅包括物质生活方面的,也包括精神方面。它不仅是一个道德问题,也是一个重大的法律问题。由此,近年来,老年人除了要求子女支付一定的赡养费之外,还起诉要求子女承担精神慰藉方面的义务,为自己争取"新"的权利。

而关于孙子辈的扶养义务,《婚姻法》规定有负担能力的孙子女、外孙子女,对于子女已经死亡的祖父母、外祖父母,有赡养义务。这种赡养是有条件的,即须孙子女、外孙子女有负担能力,且祖父母、外祖父母的子女已经死亡。

需要注意的是,法律条文中的父母子女应理解为婚生父母子女,但根据《婚姻法》第二十五、二十六、二十七条的规定,非婚生父母子女、养父母子女及有抚养关系的父母子女之间也适用婚生父母子女的有关规定。故非婚生子女对其生父母、养子女对其养父母、有抚养关系的继子女对继父或继母都应尽赡养义务。除此之外,我国《婚姻法》规定,夫妻之间、父母子女之间、养父母子女之间都互有扶养义务;继父母子女之间,祖父母、外祖父母与孙子女、外孙子女之间,兄弟姐妹之间,在一定条件下,也互有扶养义务。

另外,根据立法精神和社会主义道德规范的要求,对于事实上已形成的扶养关系,也应给予确认和保护。对于负有扶养义务的人,不得拒绝扶养。但扶养人因天灾人祸、自己收入过低等原因,无能力扶养,而未尽扶养义务的,不属拒绝扶养。

《宪法》规定,公民在年老、疾病或丧失劳动能力的情况下,有从国家和社会获得物质帮助的权利。但是我国目前的社会福利事业相对不足,对老年人的物质帮助还是以家庭为主。

《老年人权益保障法》的第二章对老年人的家庭赡养与扶养做了具体的规定。(详见附录)

对于虐待遗弃父母的子女,还要依法追究刑事责任。虐待,指子女对父母经常以打骂、冻饿、限制自由、污辱人格等方法,从肉体上、精神上进行摧残迫害。遗弃父母,指子女有赡养义务而拒绝赡养的情节严重的行为。虐待父母,情节恶劣的,依照《刑法》第二百六十条处二年以下有期徒刑、拘役或者管制;致使被害人重伤的,处二年以上七年以下有期徒刑。对遗弃老人,情节恶劣的,构成遗弃罪,按照《刑法》第二百六十一条

的规定,处五年以下有期徒刑、拘役或者管制。

## 1.非婚生子女是否有赡养老人的义务

### 案例

朱老汉今年七十六岁,年轻时是镇纺织厂里的技术工人。1970 年,已经结婚的他喜欢上了另一个女人李某,两人偷偷地搞起了婚外情,后来生下了儿子朱某某。在朱某某两岁时,朱老汉的妻子张某知道了朱老汉的风流韵事,以死相逼要他和李某断绝关系。从那以后,朱老汉和李某虽有联系但并未见面,也未向朱某某支付过任何抚养费。改革开放后,朱老汉辞去厂里的职务到广州下海。头脑灵活的他生意很快越做越大,后来就自己开起了公司。然而好景不长,1997 年金融海啸席卷亚洲,朱老汉的生意开始难做起来,在 2005 年的时候,终于难以维系,公司破产了,现在仅靠一间小门面的租金勉强度日。随着年事渐高,朱老汉经常生病,每月的支出逐渐增多。由于朱老汉和妻子并未生子,朱老汉只得联系旧情人李某,希望朱某某能够赡养他。朱某某现在的工资较高,有能力给朱老汉支付扶养费,但是他并不愿意这样做。理由是早年他家境贫寒,朱老汉的生意做得如鱼得水,却并未向他支付过任何抚养费用,甚至他见都没有见过朱老汉,所以他不承认朱老汉是他父亲,更不可能赡养他。无奈之下,2007 年,朱老汉只得将朱某某告上法庭,要求他每月支付扶养费 200 元。2008 年,法院宣布判决。由于朱某某确为朱老汉的亲生儿子,有赡养朱老汉的义务,判决朱某某每月给付赡养费 100 元。

### 案例分析

婚生子女和非婚生子女都是亲生子女,子女无法选择亲生父母,他们在法律地位上是相同的。非婚生子女享有与婚生子女同等的权利,同时也必须履行子女对父母的赡养义务,这种义务是法律规定必须履行的。子女不能以对父母的亲疏好恶来选择是否赡养父母。本案中朱某某作为朱老汉的非婚生子,是有义务承担朱老汉的赡养义务的。

## 2.断绝收养关系的养子是否有赡养老人的义务

**案例**

张春华和陈志超于 1980 年结婚。结婚多年还未生子,就萌发了收养一个孩子的念头。1984 年,陈志超与朋友协商,领养了同学王某堂姐刚出生一岁大的女孩子,取名陈珍。陈珍的长相和陈志超两口子一点都不像,而且越长越丑,陈志超和张春华一开始对其视若珍宝,但很快热情就冷淡下去,经常打骂陈珍,有时甚至不让她吃饱饭。虽然陈志超从未提起陈珍是他收养的这件事,但陈珍已隐约感觉到自己不是亲生。长到十五岁的时候,陈珍的生母王倩家出现了家庭变故,王倩的儿子因车祸去世。伤心欲绝的她想到了还有个被领养的孩子,于是联系陈志超,想与陈珍相认。陈志超经不起王倩的一再请求,让她与陈珍相认。陈珍见过生母,又得知了同胞哥哥去世的消息,顿时和生母哭作一团,并主动要求回到生母家尽孝。陈志超看到这个情况,伤心之余,要求陈珍在其晚年要尽到赡养的义务。陈珍想想这些年的境遇,表示将来不愿意赡养他。后陈珍搬回生母家住,期间张春华走路摔倒,摔断了两根肋骨,陈珍知道后也没有回去探望。2010 年,陈志超向法院起诉,要求解除收养关系,并要求陈珍承担他和张春华晚年的生活费。法院认为,陈珍接受了养父母张春华和陈志超的抚养,并且已经长大成人,有独立的经济能力。尽管养父母的态度不好,但还是支付了抚养的费用。现在养父母已经年过六十,且两人身体都不好,虽然双方的收养关系已经解除,但是陈珍依然应该支付扶养费。经法院调解,双方达成协议,考虑到陈珍的实际情况,每月向曾经的养父母支付 200 元赡养费。

**案例分析**

《收养法》第二十九条规定:"收养关系解除后,养子女与养父母及其他近亲属间的权利义务关系即行消除。"一般情况下,收养关系解除后,养父母子女之间的权利义务关系归于消灭。但基于社会生活的复杂多变,法律也规定了特殊情况下的处理

方式:"收养关系解除后,经养父母抚养的成年养子女,对缺乏劳动能力又缺乏生活来源的养父母,应当给付生活费。"

但这时的赡养义务不同于关系正常情况下的义务:一是生活费的给付以维持基本的生存为要件,不应有过高的要求;二是不应超出养子女的能力范围;三是不应当一次性支付生活费,而应当定时连续支付。

本案中,陈珍虽在十五岁回到亲生父母身边,但自幼是由陈志超夫妻抚养长大。现在陈志超夫妻体弱多病、生活困难,即使是陈珍和陈志超夫妻的收养关系解除了,她也负有赡养他们的义务。由此,人民法院考虑当地的生活水平状况,判决陈珍每月支付养父母200元赡养费,在事实认定和法律适用上是正确的。

### 3.继子女是否有赡养继父母的义务

(1)继子女对尽抚养义务的继父母有赡养义务。

**案例**

现年八十七岁的王老太太在上世纪40年代初嫁给蔡某,婚后与蔡某及其前妻留下的两个年幼的孩子共同生活,王老太太像照顾自己的亲生孩子般养育两个孩子。然而,蔡某去世后,小儿子蔡龙(化名)便背地里将蔡某和王老太太共有的房改房的产权变更到自己名下。同时,以蔡某已逝,没有义务赡养继母为由,对其恶言相向,且不给予任务生活扶助。

2006年春节,王老太太忍无可忍,一气之下离家出走流浪。2007年7月,王老太太在好心人的指点下到市法律援助中心,申请法律援助。

最终,通过法律援助中心律师的多方努力,调查取证进展较快,法院如期开庭审理,判决由被告蔡龙每月支付原告王老太太400元生活费。

**案例分析**

我国《婚姻法》第二十一条规定:"父母对子女有抚养教育的义务;子女对父母有赡养扶助的义务。子女不履行赡养义务时,无劳动能力的或生活困难的父母,有要求子女付给赡养费的权利。"这说明父母子女间的权利义务是对等的,父母抚养了子女,对社会和家庭尽到了责任,当父母年老体衰时,子女也应尽赡养扶助父母的义务。我国《婚姻法》第二十六条、第二十七条规定:养父母与养子女间的权利和义务、继父或继母和受其抚养教育的继子女间的权利和义务,适用本法对父母子女关系的有关规定。这表明养子女、继子女与婚生子女有完全相同的法律地位,同样有赡养扶助养父母的义务,且不因父母的婚姻关系变化而终止,不能以非亲生子女为借口逃避法律责任。

(2)继子女对未尽抚养义务的继父母没有赡养义务。

**案例**

　　任秋雨今年六十九岁,因为丈夫去世得早,所以一直一个人生活,也没有孩子。2002年在晨练的时候结识了七十岁的吴建华,两个人之间逐渐产生了感情。2005年,两人领取了结婚证,并住在了一起。但是吴建华的两个儿子不能接受任秋雨。因为吴建华的妻子在不久之前才去世,吴建华就又找了一个老伴。虽然不赞成,但他们也没有阻拦父亲再婚。婚后,吴建华和任秋雨生活和睦。2007年,任秋雨在做家务时从柜子上摔下来。吴建华急忙将其送到医院,慌忙之中没有带钱,就打电话让儿子们带钱过来。儿子们赶来后付了医药费,但是同时说,这个医药费只是垫付,他们没有赡养继母的义务。之后任秋雨在医院一直是吴建华照顾,10天下来累得又干又瘦,而吴建华的两个儿子一直都没有来看望过。这让任秋雨心灰意冷。

　　俗话说得好:"不是一家人不进一家门。"任秋雨在法律上是吴建华儿子的继母,吴建华的儿子真的没有义务赡养任秋雨吗?

**案例分析**

　　继父母与继子女是因婚姻关系而产生的一种亲属,属于姻

亲。现实中,常见的继父母与继子女的关系有以下两种:

①名分型。

即生父或生母与继母或继父再婚时,继子女已经成年独立生活,或虽未成年但仍由其生父母提供生活教育费,没有受其继父或继母的抚养教育,当然也就没有对继父或继母尽赡养的义务。

②共同生活型。

即生父或生母与继母或继父再婚时,继父或继母对其承担了部分或全部的生活教育费,继父或继母与继子女已形成了抚养教育的关系,此时继子女就有义务对继父或继母尽赡养义务。

我国《婚姻法》规定:夫妻有互相扶养的义务。一方不履行扶养义务时,需要扶养的一方,有要求对方付给扶养费的权利。吴建华对任秋雨因夫妻关系,有扶养义务;而吴建华的儿子由于和继母没有血缘关系,也没有形成抚养教育的关系,所以他们无须支付继母的住院费,也无须对任秋雨承担赡养义务。

### 4.出嫁的女儿是否有赡养老人的义务

**案例**

某区法院近日判决了一起涉及出嫁女儿拒绝赡养老人的案件。朱老太诉称,其与丈夫钱某生有8个儿女,均已成家。丈夫已于2001年去世,她目前居住在两个儿子出资建造的房屋内。现其年事已高,丧失了劳动能力且又无生活来源,原本以为生育了8个子女,可以防老,但这些子女均以无工作或收入低等原因,不愿出赡养费。尤其是老太的两个已出嫁的女儿,以分不到父母的房子为由,不同意出赡养费。老太无奈诉诸法院,要求8个儿女每月各负担生活费50元,并共同负担其今后的医药费。

8个儿女接到老母的诉状后,反应各异。3人当庭同意诉求,2人以收入低或无工作为由,不同意诉求,1人保持沉默未作答辩。另两个已出嫁的女儿则辩称,"嫁出去的女儿泼出去的水",老母的房子已给了她两个儿子翻建新房,当初约定由得房人即老太的两个儿子赡养老人,谁得房屋由谁来赡养,因此不同意老母的诉求。本案在审理期间,尽管承办法官做了大量调解工作,但老太的两个女儿坚持"嫁出去的女儿泼出去的水"的成见,使这起赡养纠纷案的处理陷入僵局。

**案例分析**

法院审理认为,我国《婚姻法》第二十一条规定,子女对父母有赡养扶助的义务,子女不履行赡养义务时,无劳动能力或生活困难的父母,有要求子女给付赡养费的权利。本案朱老太的子女或以收入低或以财产传男不传女等为由,拒不同意赡养,与法不合、与情不符。遂根据朱老太的实情及有关规定,作出判决:要求女儿也要尽到赡养义务,和兄弟们一起,每人每月出 200 元,一起赡养八十多岁的老母亲,同时,还要共同负担老母亲的医药费。

无论是子女的赡养还是父母的抚养,既要依法履行,更要以情倾注。这样,我们的社会才会有温情。现行法律规定"女儿也有赡养义务","赡养老人不应以分得财产的多少为条件"。此案中朱老太的两个女儿态度值得深思。赡养老人是子女应尽的义务,而不应以子女间的矛盾和自身的客观因素推卸自己的义务。嫁出去的女儿不是泼出去的水,无论如何,父母与子女的血缘关系是无法改变的。

在我国,老年人养老主要依靠家庭,赡养人应当履行对老年人经济上供养、生活上照料和精神上慰藉的义务,照顾老年人的特殊需要。依上可知,赡养父母不仅是中华民族的传统美德,而且是我国法律规定的应尽义务,任何人不得以任何理由拒绝履行赡养老人的义务。有些偏远农村中有一种误解,女儿出嫁后,就不需要赡养自己的父母了,实际上,按照法律规定,凡有赡养能力的子女,不分男女均负有赡养父母的责任。出嫁的女儿一方面负有赡养自己父母的责任,一方面又要协助丈夫赡养公婆。

实践中应该注意：

第一，没有经济收入的已嫁女儿也有赡养义务。

出嫁女儿本人没有收入的，不能作为拒绝履行赡养老年父母义务的理由。因为她们从事的家务劳动与丈夫谋取生活资料的劳动具有同等价值，其丈夫劳动所得的收入属夫妻共同财产，夫妻双方对夫妻共同财产有平等的处分权，可从夫妻共同财产中支付赡养费。

第二，赡养父母不能以"分家析产"为条件。

现实生活中，部分子女以种种理由不承担赡养义务，例如：(1)子女认为自己放弃继承权，不继承老年人的财产就可以不履行赡养义务了。(2)认为父母取消子女对财产的继承权的，比如未指定子女作为遗嘱继承人的。(3)已婚的成年子女本人没有经济收入，但配偶的收入足以维持生活的。(4)出嫁的女儿不该赡养。(5)分家不公不该赡养。(6)不照料自己的孩子就不赡养。这些都是错误的，依法负有赡养义务的人，在履行自己的赡养义务时是不能附条件的，上述理由都是不合法的。

第三，多个子女应该分担赡养扶助义务。

父母有多个子女的，应当共同承担赡养扶助父母的义务；每位子女承担义务的多少，应当根据各个子女的生活、经济条件进行协商。子女不能以父母对其年幼时的关心、疼爱程度或者结婚时资助的多少作为砝码来衡量赡养扶助义务的多少。

至于赡养扶助父母的方式，可视具体情况而定，对于不在父母身边的子女，可定期支付一定数额的赡养费；与父母共同生活的子女还应当经常关心、照料父母的生活；当父母由于生病，生活不能自理时，子女除应分担为其治病所需的医药费、手术费、住院费等外，还应承担照顾、护理父母的义务。

**5.子女放弃继承权，可以不赡养老人吗**

**案例**

王大妈今年已有八十七岁的高龄。她有两个儿子李广众和李云才。二十年前，一家人经协商决定，王大妈的养老问题由小儿子李云才负责，而他也将会继承王大妈的财产——一套房子和田产。而大儿子李广众则自愿放弃继承权，同时也不用给王大妈任何赡养费。这样相安无事了很多年,直到 2000 年,由于城市规划的原因,小儿子李云才的田地被政府征用建设小区。失去了田地的李云才经济上逐渐入不敷出。到了 2005 年,连多年的积蓄也快要花完了。王大妈见状,就去找经济上相对宽松些的大儿子李广众,希望由他分担一些赡养她的费用。李广众听了一万个不乐意:我放弃了继承权,怎么还要赡养你啊。而且这不是出尔反尔吗? 王大妈听了很伤心,也不知道怎么办才好。

**案例分析**

　　赡养和继承权的放弃是两个完全不同的法律概念,不能混为一谈。赡养,是指子女对父母在经济上的供养、生活上的照料及精神上的慰藉。我国《宪法》规定,成年子女有赡养扶助父母的义务。《中华人民共和国老年人权益保障法》第二章第十九条规定:赡养人不得以放弃继承权或者其他理由,拒绝履行赡养义务。也就是说赡养人赡养父母的义务是法定的,是必须履行的,除非赡养人完全丧失赡养能力,否则是无条件的。继承权是公民的一项基本权力,继承人可以根据自己的意志决定接受还是放弃。但赡养父母是法定义务,不因放弃继承权而免除。

　　案例中虽有口头协议,李广众放弃继承权的话,就不用赡养老人。但事实上,这只能产生继承权放弃的法律效力,并不能以此为由拒绝履行赡养义务,李广众仍有赡养王大妈的义务。赡养王大妈,既是道德问题,也是法律问题。如果拒绝赡养,不仅要受到道德舆论的谴责,还要受到相应的法律制裁。

老年人与家庭成员因赡养发生纠纷的,可以要求有关部门,如子女所在单位或居民委员会、村民委员会调解,也可以直接向人民法院提起诉讼。法院查明情况后,要强制子女履行赡养父母的义务,根据当地的生活标准,判决子女给付一定的赡养费;也可以根据老年人追索赡养费的申请,在判决作出前,依法裁定子女先行给付一定的赡养费用,以解

决老年人的生活急需。

如没有法定的赡养义务,如果赡养的话,可以签订遗赠扶养协议。

### 6.协议养老,儿子去世,还能要求儿媳尽赡养义务吗

**案例**

徐红专今年六十九岁了,儿子刚去世两个月,他便被儿媳从家中赶了出来。实际上,徐红专和儿子一家人住的房子是徐红专所有的。这套房子地处镇中心,有九十多平方米,找人估算值100多万。五年前"养儿防老"观念严重的他与儿子签署赠予赡养协议,由儿子安排他的生养死葬,而他百年之后,房子的产权即归儿子所有。之后,全家人在公证处签订了赠予协议书,两个女儿出具证明放弃了对徐红专房产的继承权。很快,按照协议,徐红专将房子的产权过户在儿子名下,并从此和儿子一家一起生活。2015年儿子意外身亡,儿媳提出丈夫已故,婚姻关系消失,没有义务再赡养老人,便将其赶出家门。现在徐红专只能暂住在女儿家。那么儿媳有没有责任赡养老人,而老人的房产到底归谁呢?

**案例分析**

按照《老年人权益保障法》和《婚姻法》规定,赡养人的范围只包括老年人的婚生子女、非婚生子女、养子女、有抚养关系的继子女以及有负担能力的孙子女、外孙子女,不包括儿媳、女婿,即法律并未规定儿媳对公婆、女婿对岳父母负有赡养义务。赡养人的配偶不是法定的赡养人。虽然法律规定赡养人的配偶应当协助赡养人履行赡养义务,但协助的义务不是赡养义务,且此规定只适用于夫妇关系存续期间。若赡养人同其配偶解除婚姻关系,或者赡养人死亡,那么,配偶一方协助赡养的义务就自动解除了。老人的儿子去世后,儿媳不尽赡养义务不违反法律规定。同时《继承法》第十二条规定,丧偶儿媳对公婆,丧偶女婿对岳父、岳母尽了主要赡养义务的,可以作为第一顺序继承人。我国法律是鼓励丧偶儿媳赡养公婆、丧偶女婿赡养岳父母的。

## (四)可以免除赡养义务的情形

### 1.父母对子女有严重犯罪行为

父母对子女有严重犯罪行为,比如犯有杀害子女、虐待子女、遗弃子女的,或强奸女儿等行为的,丧失要求被害子女赡养的权利。当然被害子女自愿赡养的,法律并不禁止。

### 2.父母有经济收入

父母有稳定的经济收入,比如有退休工资,或者有劳动能力的,子女可不承担经济上的赡养义务,但是不能免除精神上的赡养义务。《婚姻法》第二十一条规定,子女不履行赡养义务时,无劳动能力的或生活困难的父母,有要求子女给付赡养费的权利。该条明确规定父母要求子女给付赡养费的两个条件,一个是年老体弱、无劳动能力,第二个是生活困难。因此只有符合法律上规定的情况时才有被赡养的权利。

### 3.成年子女对父母再婚的配偶

成年子女对父母再婚的配偶,比如继母、继父等没有法定的赡养义务。因为一般情况下,再婚的老年人,其子女已经长大成人、独立生活,不需要再婚的配偶履行抚养和教育的义务,他们之间没有形成法定的抚养关系,所以成年子女对父母再婚的配偶没有法定的赡养义务,当然子女愿意赡养的,法律并不禁止。

## (五)赡养费的标准

赡养费是指子女在经济上为父母提供必需的生活费用,即承担一定的经济责任,提供必要的经济帮助,给予物质上的费用帮助。子女不履行赡养义务时,无劳动能力的或生活困难的父母,有要求子女付给赡养费的权利。

### 1.法定赡养费标准

《中华人民共和国婚姻法》规定:"父母对子女有抚养教育的义务;子女对父母有赡养扶助的义务。"构成上述关系的赡养、抚养义务人,应依法承担赡养或抚养责任,若被赡养人或抚养人家庭人均月收入低于最低生活保障线时,赡养或抚养义务人应承担的赡养或抚养费按以下方法计算:

(1)赡养费的计算。

首先计算子女家庭的人均月收入,子女人均月收入低于最低生活保障线时,视为该子女无力向父母提供赡养费。子女家庭人均月收入高于最低生活保障线时,超出部分,两个子女以内的按 50% 计算赡养费,三个子女以上的按 40% 计算赡养费。应付的赡养费除以被赡养人数,得出付给每个被赡养人的赡养费。

(2)抚养费的计算。

经法律程序夫妻离异,不与未成年或不能独立生活的子女一起生活的,应负担子女的抚养费。只有一个子女时抚养费按其总收入的 30% 给付,有多个子女时抚养费按其总收入的 20% 给付。

(3)赡养费、抚养费的给付。

实际给付额高于上述计算标准的,按实际给付额计算;实际给付额低于上述计算标准的,按上述计算标准计算。

**2.法定赡养费的计算**

对很多老年人来说,赡养费关系着自身晚年生活的质量好坏。按照有关规定,赡养费的计算方法如下:

(1)老年人赡养费计算的基本标准。

按目前有关规定,老年人的生活水平不低于其家庭成员的生活水平,故农村老年人的赡养费标准主要取决于其所在家庭的生活水平。不过,在司法实践中,由于具体到个别家庭的生活水平难以查清,一般应以当地统计部门发布的上年度当地农民年人均生活费数据为基准。

(2)生活不能自理者的护理费用。

如果农村老年人生活不能自理的,其子女有义务照料其基本生活或请他人、养老机构代为照料再由子女支付有关费用。因此,对生活不能自理而子女无法照料的老年人的赡养费,应将上述费用计算在内,而这一费用将根据有关养老机构证明或当地一般雇佣人员标准计。

(3)老年人的住房费用。

赡养人有义务妥善安置老年人的住房。不过,农村老年人有多个子女的,为公平起见,应按住房情况相应减、免提供住房一方子女的赡养费支出份额;如子女无房可供居住的,则将房租费用一并计算在赡养费内。

(4)老年人的生病治疗问题。

老年人为赡养费起诉至法院时,只是要求解决其日常的生活费用,而大额的医疗费一般在诉讼时尚未发生,其发生金额、时间处于不确定状态。故不应支持老年人将来可能的大额医疗费的请求,但对用于一些高血压等慢性病所需的药费,应适当判由赡养人适当承担。

## (六)老年人财产权益的维护及保障

《老年人权益保障法》第二十二条:"老年人对个人的财产,依法享有占有、使用、收益和处分的权利,子女或者其他亲属不得干涉,不得以窃取、骗取、强行索取等方式侵犯老年人的财产权益。老年人有依法继承父母、配偶、子女或者其他亲属遗产的权利,有接受赠予的权利。"

### 1.再婚的老年人,遗产怎么划分

**案例**

湖南的万女士最近比较烦恼。她的丈夫王三笑于2012年6月去世了。现在对于丈夫的遗产继承,家里出现了争议。2000年,王三笑与同乡丧偶的万女士领取了结婚证,两人感情很好,双方子女的关系也很融洽。2012年6月,王三笑突发脑出血去世,老人尸骨未寒,王三笑的子女就开始和万女士谈判,要求万女士搬走,因为他们要继承父亲的房产。这处房产是王三笑和子女居住了20年的老房子,在没有认识万女士之前,他们就住在那里。万女士困惑了,这处房产虽然是王三笑的婚前财产,但他们有婚姻关系,那么她是否有继承权呢?

**案例分析**

我国《婚姻法》第二十四条第一款规定:"夫妻有相互继承遗产的权利。"老年人再婚,只要亲自到婚姻登记机关进行结婚登记,取得结婚证,即确立合法夫妻关系。《婚姻法》上所说的夫妻当然包括老年再婚的夫妻,而老年再婚夫妻双方自然也有互相继承遗产的权利。而我国《继承法》第十条又规定,遗产按照下列顺序继承:第一顺序为配偶、子女、父母;第二顺序为兄弟姐妹、祖父母、外祖父母。继承开始后,由第一顺序继承人继承,第二顺序继承人不继承。对于老年再婚夫妻,《继承法》也

不例外。双方都有相互继承遗产的权利，不论再婚时间长短，只要是合法夫妻就有继承权利。因此，即使是老年人再婚，夫妻双方也有互相继承遗产的权利。

王三笑与万女士是再婚夫妻，从法律上说，他们是合法的夫妻关系。继承分为法定继承和遗嘱继承两种，如果王三笑死前没有立遗嘱，就应该按照法定继承来处理遗产。万女士无疑是《继承法》第十条中所指的第一顺序法定继承人，有权与万女士的子女共同继承王某的遗产。

而如果王三笑对其再婚前的个人财产，生前立了遗嘱，将该遗产指定由其子女继承，那么，万女士就无权继承这部分遗产，而只可以分配再婚后共同生活期间的遗产。

本案中万女士不仅享有继承权，而且也有在该房屋继续居住的权利。除非万女士另有住房。无论是从遗产继承权来讲，还是从敬老、养老的社会主义道德、法律的指导思想以及和谐社会的要求来讲，自己没有住房的丧偶老年人，继续居住在已去世老伴的住房中，都是合情合理合法的。此外，《妇女权益保障法》和《老年人权益保障法》等都从赡养或扶养的角度较模糊地反映了对这些弱势群体居住权利的关注。

## 2.儿子太混账,可以不分给他遗产吗

### 案例

秦大爷和他的妻子张大妈爱好古玩和书画，家中有不少值钱的玩意儿。他们有个独子秦晟已年过四十，却是个败家子，整天无所事事，没钱了就去秦大爷那儿把一些值钱的小玩意顺走，到当铺一当，再花天酒地一番，经常把秦大爷气得血压升高。秦大爷家的邻居陈璨，是个热心的打工妹，因为住对门，所以经常帮助秦大爷和张大妈打扫房间、买菜做饭等。2010年，秦大爷过世，秦晟这才被告知，那些他早就盯上的价值连城的古董，现在全都成了小丫头陈璨的财产——秦大爷立下遗嘱，将财产全都留给了陈璨。秦晟很生气，他不明白:作为法定的第一继承人，他为何什么遗

产都得不到？况且张大妈也还健在，她是否应该也有财产支配的权利呢？

**案例分析**

老人将全部财产都给了陈璨，这种行为属于馈赠。但是秦大爷的这种馈赠是有问题的，因为这些古董中，有一半是他的妻子张大妈的。他立这样的遗嘱，应当取得张大妈的同意。由于张大妈还健在，所以在张大妈没有立遗嘱之前，秦晟依然对张大妈的那一半财产有继承权。

《合同法》第一百八十五条规定："赠予合同是赠予人将自己的财产无偿给予受赠人，受赠人表示接受赠予的合同。"由于秦大爷是在生前处分自己的合法财产，那么属于赠予合同法律关系，子女没有权利干涉，也无法通过法律撤销。但如果是老人无民事行为能力的赠予，那么，老人的子女可以通过法律途径解决。

如若子女中有先天性重大疾病或者重大残疾，无生活收入来源，需要监护的，则父母不得以遗嘱形式剥夺其继承权。

# 二、妇女婚姻权利、义务及保障

女人是弱势群体，这是由生理、心理、历史、社会因素决定的，在全世界范围内都是如此。虽然我国《婚姻法》规定了男女平等原则，现代女性拥有和男性同等的权利，但由于中国传统的"男尊女卑""夫唱妇随"的思想依旧存在，且由于女性相对娇小的体格，很多女性在家庭中依旧处于弱势地位。妇女应学会运用《婚姻法》等法律武器维护自身的利益。

## (一)妇女婚前权利、义务及保障
### 1.恋爱期间流产遭冷遇，女方可以要求精神赔偿吗

**案例**

女青年陈淑芬于 2006 年结识了男青年朱宏并与之产生了感情、结成了恋人，两人很快开始同居。2009 年 3 月，由于二人

发生性关系导致陈淑芬怀孕,朱宏得知以后要求其将孩子"打掉",但陈淑芬要求和朱宏结婚,并把孩子生下来。2009年5月,陈淑芬妥协,在朱宏的陪伴下,去医院做了人工流产。之后虚弱的陈淑芬卧床1个月,期间朱宏一直忙于工作,对陈淑芬疏于照顾。陈淑芬经常一个人在家,想到手术后,朱宏和他的家人对她冷淡的态度,她心灰意冷。于是在2010年年初,陈淑芬以身心受到极大创伤为由,向法院提起民事诉讼,请求依法判令朱宏赔偿精神损害抚慰金4万元。

法院审理后认为,精神抚慰金的给付主张,是以公民的合法权益是否遭到非法侵害确立的。本案中陈淑芬和朱宏在未婚的情况下自愿进行性行为,造成陈淑芬怀孕并不是朱宏强迫或非法侵害的结果。因此,原告陈淑芬要求朱宏赔偿精神抚慰金的诉讼请求并无法律依据。故判决驳回了原告的诉讼请求。

### 案例分析

男女之间产生恋情,发生关系,都是两人自愿的,不存在逼迫的关系。且恋爱关系本身并不具有法律上的约束力。而在一场恋爱中,是否有人有过错,受伤的是哪一方,伤到何种程度,这些都是很难判定的,且法律上对此也没有判定。而在当事人都是成年人的情况下,在恋爱过程中,恋人之间自主发生性行为,是双方自愿的,并不存在当事人的权利受到非法侵害。而由于性行为致使女方怀孕,也不能说女方的利益受到了损害,或是精神受到了伤害。怀孕和堕胎都会对女性的身心产生一定的影响,但是产生的是何种影响无法判定。另外,在恋爱关系中断时,经常会有女方要求精神补偿,如精神损害赔偿或是青春损失费,在我国的法律中也没有这方面的内容。

本案中,陈淑芬自愿发生的性行为导致了怀孕乃至自愿堕胎,这都不符合精神损害赔偿的法律要求,因此法院不予支持陈淑芬的要求。

由于生理和心理的原因,女性在婚前性行为之中所要承担的风险要比男性大得多,建议女性秉承对自己负责的态度,谨慎行事。

## 2.同居期间双方签订的协议是否有法律效益

### 案例

赵燕和魏鹏原是一对情侣。2000 年,他们决定同居。同居之前,在赵燕的要求下,两人拟定了同居协议,对于共同居住期间财产所有权等问题进行了划分。协议书上包括了两人共同居住的房屋。房子是在魏鹏名下的,但是协议规定,两人在同居期间是共同拥有房子的使用权的。两人如果分手,不再继续同居,则房子的产权人就变成赵燕。2006 年,赵燕第二次怀孕,魏鹏依旧不愿结婚,并要求赵燕将孩子打掉。赵燕悲愤难平,一怒之下和魏鹏分手,并将魏鹏赶出同居处所。之后几天,赵燕按照协议将魏鹏的东西全部装箱运到魏鹏姐姐的住处,并多次拒绝魏鹏进他们的同居处所。2007 年,魏鹏无奈之下将赵燕告上法庭,要求赵燕归还其房产。在审理过程中,赵燕拿出了他们的同居协议作为物证。而魏鹏则说,当时签署协议的时候,是赵燕逼迫他这样写的。法院审理认为,虽然赵鹏说签署协议时并非本人自愿,但他并不能拿出证据证明自己是被逼迫的。因此,2007 年年底,法院宣判,判决该房屋归赵燕所有。

### 案例分析

作为具有完全民事行为能力的魏鹏,亲笔书写了协议,自愿在分手后将房产划到赵燕名下,这就表明他对承担不利后果是有足够的心理准备的,应当为自己的行为负法律责任。

而原告和被告之间达成了意见一致的协议,且协议是在两人友好协商之中形成的。虽然魏鹏在庭审时表示自己是被逼迫签的协议,但是由于不能提供相应的人证物证,且在被逼迫签署对自己不利的协议之后并没有采取任何行动,签过协议之后并没有立即报警等,因此无法证明此协议签订时,魏鹏受到了胁迫或者欺骗。且此协议书是由魏鹏一人书写完成,由两人分别签字,因此可以认定是两人真实意思的表示。

且协议本身并不违反我国相关的强制性或是禁止性的规定,未包含任何限制人身权利或者人身自由的内容,该协议完

全是双方自愿签署的,完全符合我国民法意思自治的原则。迄今为止,我国法律、法规并未制定限制这种男女在同居状态下协商一致后共同签署的协议。

对于同居双方来说,由于二人不是夫妻关系,很多权益难以得到法律的保护,因此签署一份同居协议,确定双方的责任和义务是十分必要的。这样可以对同居期间财产的归属、孩子的抚养以及教育、同居关系解除等问题进行约定。这样协议只要约定内容和程序符合国家规定,均是有效的。这对于双方来说既是一种法律约束,又是一种权益保护。

这种协议和限制或禁止人身基本权利的"同居保证金""婚姻保证协议""离婚赔偿协议"等性质截然不同。

### 3.同居保证金为什么不具有法律效益

**案例**

"我不明白,为什么法院会这样判决。"王萌是一名二十三岁的姑娘。按照判决,她要退还同居保证金50万元。

三年前,刚满二十岁的王萌与二十五岁的"富二代"武兴结识。两人一见钟情,发展很快。后武兴提出同居的要求。而王萌对同居心存顾虑:"要是以后万一分手了怎么办?"武兴当即表示非王萌不娶。为了让王萌安心,他把一张50万元的银行卡交给王萌,作为同居保证金,并立下字据为证。王萌这才点头同意。很快两人就住在了一起。然而三年过去了,武兴对王萌逐渐没有兴趣了,并同另外一个二十岁的女生打得火热。王萌不能忍受,提出分手,并按照三年前的约定将同居保证金从银行取走。武兴却不愿意了,发现钱被取走后,他多次向王萌讨要。未果。于是武兴于2015年向当地法院提出诉讼,要求王萌归还同居保证金50万。

**案例分析**

现在社会上的所谓同居保证金,通常是男方在同居之前先行给付女方,约定双方关系破裂不能相处时,该款即为女方所得,其协议的实质是将同居关系金钱化。

　　只要是当事人双方未经过婚姻登记而开始的共同生活,即为未婚同居。未婚同居,只要不侵犯他人权利,本身是一种个人行为,不受相关法律约束,意味着同时也不受法律保护。在现实的同居生活中,女人因为生理和心理的特征,在二人共同生活的过程中往往付出较多,因此,女方往往会更多地顾忌个人方面的损失。此时同居保证金就应运而生了。

　　业内对于同居保证金的认识有两种看法。一种观点认为同居保证金实质就是彩礼。二者同以建立共同生活的关系为条件,均是婚约成立的证明,而且这两种情况下,交付和处理财物的方式也是相同的。因此,所谓同居保证金不过是彩礼的变种。在处理这类案件时,应该按照最高人民法院有关彩礼的司法解释。另一种观点认为双方约定的保证金是一种合同,是对恋爱约定的保证形式。我国法律对于约定的效力,只要不是违反国家强制性规定,即是有效力的。同居保证金乃双方的合意体现,并不违反法律的强制性规定,因此应当按照合同的规则来处理,对恋爱双方都有约束力。

　　我国《担保法》规定,保证金或定金作为经济担保的一种方式,不适用于婚姻家庭关系。因为婚姻关系不是简单的契约关系,它是以情感作为基础的,以感情为核心的婚姻就要求排除以金钱为目的的婚姻。不能借婚姻索取财物是我国法律的明确要求,法律不保护约定以金钱为目的的婚姻。

　　因此,王萌这50万元若属于同居保证金,则不受我国法律保护,按照法律规定,需要返还给武兴。

而按照我国《民法通则》和《合同法》相关规定,没有附带条件的赠予行为已经发生,财产也实际转交给被赠者,该赠予行为则受到法律保护。无特殊情况,赠予者是无法索回的。因此,如果武兴立下的字据仅是表明赠予,并未说明是和王萌的同居保证金,则这笔钱在法律上便是属于王萌的。

## (二)妇女婚姻期间的权利、义务及保障

《婚姻法》在总则第三条规定了"禁止家庭暴力。禁止家庭成员间的

虐待和遗弃"。这一条对保护已婚妇女的合法权益、保护妇女免遭家庭暴力具有实质性的意义。

### 1.丈夫"包二奶",可以告他重婚罪吗

**案例**

陈鑫和陆路于 2002 年结婚,两人一直恩爱有加。可随着陈鑫的工作开始繁忙,两人之间沟通减少,关系逐渐淡漠,陈鑫经常以工作繁忙为由夜不归宿。2007 年,陆路逛街时偶然之间发现陈鑫在和一名陌生女子约会,两人举止亲密,俨然一对情侣。后经侧面调查,陆路发现陈鑫在离家两站路的地方还有一个"家","家"里竟然"金屋藏娇"。原来陈鑫在生意洽谈时认识了同行叶诗,两人一见倾心。于是陈鑫就在离家不远的地方帮叶诗安排了一处房产,并经常去那里居住。

知道真相的陆路气不过,将陈鑫告上法庭,告他重婚。但是法院经过审理,不予支持。法院认为,陈鑫虽然在已婚的情况下和别的女子发生了不正当关系,在道德上是需要谴责的,但是由于陈鑫和陆路并未以夫妻关系同居,更没有打结婚证,所以并不构成重婚罪。

**案例分析**

《刑法》第二百五十八条规定,有配偶而重婚的,或者明知他人有配偶而与之结婚的,处二年以下有期徒刑或者拘役。

最高人民法院《关于〈婚姻登记管理条例〉施行后发生的以夫妻名义非法同居的重婚案件是否以重婚罪定罪处罚的批复》[1994 年 12 月 14 日]已作出明确答复:"新的《婚姻登记管理条例》(1994 年 1 月 12 日国务院批准,1994 年 2 月 1 日民政部发布)发布施行后,有配偶的人与他人以夫妻名义同居生活的,或者明知他人有配偶而与之以夫妻名义同居生活的,仍应按重婚罪定罪处罚。"

对现行《婚姻法》中的重婚条文,权威的解释是,有配偶的人与他人以夫妻名义共同生活,或者明知他人有配偶而与之以夫妻

名义生活的,应按重婚罪定罪处罚。它要求被告必须分别和两个不同对象有两张结婚证,或是不仅婚外同居还要对外以夫妻名义相称,起码要有邻居指证婚外公开同居者为公开夫妻。

如此,重婚罪很难定罪:其一,即使有人想重婚,也不会自投罗网再去登记;其二,邻里间很难知道旁边住的隔壁主人是谁,是不是夫妻。重婚案具有跨地域和隐蔽的特点,这决定了取证必须投入大量的人力、财力和时间。除了拍摄重婚嫌疑人的住所和共同孕育的子女的照片外,还必须收集周围群众指证嫌疑人是夫妻的证言。而这一点随着近几年商品房出租的增多,邻里关系的疏远,许多人怕惹是生非也不愿作证,逐渐变得艰难。

在这种情况下,要认定"包二奶"是"重婚罪"是很难很难的。因此法律上无法认定"包二奶"属"重婚",所以其行为不犯法。

但是,这并不是说"包二奶"是被允许的。

**案例**

胡某家在广州,原是个生意人。1998 年 12 月,他与阿玲在广州登记结婚,婚后生下一个女儿。2000 年,胡某在外认识了年轻女子沙某。2001 年秋,沙某怀上了胡某的孩子。2002 年 5 月,沙某在白云区妇幼保健院产下一名男婴。2002 年 11 月起,胡某在海珠区东晓路为沙某租下一套房屋,正式开始"金屋藏娇"。2003 年前后,司机和工人对阿玲说起胡某在外面有别的女人,还生下了孩子。2004 年 12 月的一天,胡某回家问阿玲:"你想不想知道我包女人的事?"说着,胡某又问女儿:"想不想有个弟弟。"最后,胡某掏出手机,大大方方地将里面储存的一个约一岁的男孩的照片展示给妻女看,声称这是他和沙某生下的男孩。想来想去,悲愤的阿玲决定诉诸法律。她一方面开始全面注意保留和搜集证据,一方面求助了司法机关。2005 年 6 月 15 日,胡某被公安机关羁押,翌日被刑事拘留。2006 年 11 月 11 日,海珠区检察院以重婚罪对胡某提起公诉。

法庭上,胡某辩解说,沙某只是他的女朋友,他只是一周去

她那儿一两次,自己的行为顶多算得上不道德的婚外情,不属于重婚。海珠区法院综合检察机关提交的证据,认定胡某在未解除婚姻关系的情况下,租住房屋与沙某非法同居,以夫妻名义共同生活并对外夫妻相称,两人共同育有一子,破坏了我国的一夫一妻制度,构成了重婚罪。法院以重婚罪判处胡某有期徒刑一年。

## 案例分析

"包二奶"缘何构成重婚罪?阿玲的五大关键证据起到了很大作用。

①医院证明。

由于沙某与胡某共同孕育的孩子是在白云区妇幼保健院出生,为此,检察院提供了该医院医务科提供的证明和沙某入院出院登记表,证实上面记载着胡某与沙某是"夫妻关系",且出院时以胡某为联系人。

②房东主言。

为了证明胡某与沙某"共建爱巢"的性质,检察机关提供了沙某租住房屋的情况。其中,胡某与房东在房屋租赁合同中就明确表示,租房的用途是"给胡某及家人居住"。房东还说,她曾在自己出租的该房里见过沙某,她当时"大了肚子"。2003年年初,房东还在房里见到了小孩玩的单车。看胡某和沙某的举动,"感觉像两夫妻"。

③保安证言。

小区保安长期驻扎楼盘,对小区居民的出入情况、成员关系是较为熟悉的。多名保安向司法机关证实,沙某母子长期租住的房屋"有个胖男人不时出入",他还开车搭过沙某母子和保姆出去,关系"看起来像夫妻和儿子"。此外,在警察调查时,沙某的邻居也做过相似的证言。

④居委会登记表。

除了房东、邻居和保安的证言,检察院还提供了沙某租住小区所在的居委会的资料和居委主任的证明。在《居委人口登记表》和《出租屋治安管理情况摸查登记表》上有明确记载:沙某曾将在该出租屋居住的家庭成员情况提供给居委会,"家庭成员"包括沙某、胡某和他们的儿子等,并注明胡某是沙某的"丈夫"。

⑤小区车辆出入收费登记表。

胡某自称只是"一周上女朋友沙某那里一两次",不是长期同居。事实上是怎么样的呢?为了调查胡某的具体行踪,检察院还找来了沙某所住小区的"车辆出入收费登记表"。以2004年12月6日至2005年1月22日这段时间为例,胡某的汽车常在夜间甚至半夜零点以后才进入小区停车场,期间频繁出入21次之多。这样的"亲密接触",显然是不正常的。

所以,虽然举证比较困难,但"包二奶"的行为绝不是为法律所纵容的。当事人要积极正确地使用法律,从而维护自身的合法利益。

### 2.强迫发生婚内性行为算强奸吗

**案例**

被告人王某与被害人钱某于1993年结婚。婚后王某逐渐暴露本性,因而夫妻之间逐渐产生矛盾,矛盾越来越大,争吵越来越多,最终导致感情破裂。1997年10月8日,上海市青浦区人民法院应王某离婚之诉判决准予离婚,但判决书尚未送达当事人。在此期间,王某至钱某处拿东西,见钱某在收拾东西,便提出性交的要求。钱某不允,王某便使用暴力强行与钱某性交,且致使钱某的胸部、腹部等多处地方被咬伤、抓伤等。上海青浦区人民法院经审理后认为,被告人王某主动起诉,请求法院判决解除与钱某的婚姻关系,法院一审判决准予离婚后,双方对此均无异议,两人均已不具备正常的夫妻关系,在此情况下,被告人王某违背妇女意志,采用暴力手段,强行与钱某发生性关系,其行为已构成强奸罪,应依法惩处。公诉机关指控被告人王某的犯罪罪名成立。1999年12月21日,青浦区人民法院依照《中华人民共和国刑法》第二百三十六条第一款、第七十二条第一款的规定,以强奸罪判处被告人王某有期徒刑三年、缓刑三

年。一审宣判后，被告人王某服判，未上诉。

**案例分析**

婚内强奸，按照理论上的阐释，是指在夫妻关系存续期间（亦有特指在婚姻状况处于非正常的情况下，如分居、提起离婚诉讼等期间），丈夫以暴力、胁迫或者其他方法，违背妻子意志，强行与妻子发生性关系的行为。2013年1月全国妇联公布报告称，中国1/4女性曾遭家暴，存在婚内强奸。上海、安徽、四川、河南等地先后发生了丈夫强迫妻子与其进行性行为的案件，并且司法机关在处理这类案件时亦多有分歧。婚内存在不存在强奸，"婚内强迫性行为"算不算犯罪，这一问题在理论界、司法界一直争议很大。

丈夫能否成为强奸罪的主体？《刑法》条文是个空白，最高人民法院在关于审理强奸案件有关问题的司法解释中也有意无意地回避了这一问题。很显然，法律对此未置可否是导致司法机关处理这类案件时陷于两难境地的内在原因，不同地方的法院作出迥异判决便不值得大惊小怪了。

一种观点认为，除了教唆、帮助他人强奸妻子，以及误认妻子是其他妇女而强行奸淫的，丈夫构成强奸罪的以外，丈夫强奸妻子的不构成强奸罪。另有人认为，一般情况下丈夫奸淫妻子不构成强奸罪，但有下列情形之一的可构成强奸罪：①男女双方虽已登记结婚，但并无感情，并且尚未同居，也未曾发生性关系，而女方坚持要求离婚，男方进行强奸的。②夫妻感情确已破裂，并且长期分居，丈夫进行强奸的。还有人认为，强奸罪的主体是一般主体，即凡是达到刑事责任年龄、具有刑事责任能力的自然人即可。丈夫自然也是如此。因此，丈夫强奸妻子的构成强奸罪。

在遇到此类案件时，受害人应当主动向当地律师咨询，从而维护自己的婚姻权益。

## （三）妇女离婚的权利、义务及保障

《婚姻法》第三十四条规定：女方在怀孕期间、分娩后一年内或中止妊娠后六个月内,男方不得提出离婚。女方提出离婚的,或人民法院认为确有必要受理男方离婚请求的,不在此限。

第三十九条规定:离婚时,夫妻共同财产协议不成的,由人民法院根据照顾子女和女方利益的原则判决。

第四十条增加规定:夫妻书面约定婚姻关系存续期间所得的财产归各自所有,一方因抚育子女、照料老人、协助另一方工作等付出较多义务的,离婚时有权向另一方请求补偿,另一方应当予以补偿。

第四十二条增加规定:离婚时,如一方生活困难,另一方应从其住房等个人财产中给予适当帮助。

### 1.不愿意生育,丈夫以此为由要离婚

**案例**

赵先生之前有过一段婚姻,与前妻因为性格不合而最终分手,且两人并没有孩子。2008 年,四十岁的他认识了二十六岁的王女士。两人于 2009 年结婚。时年四十一岁的赵先生觉得自己年纪大了,想要孩子的心情非常迫切。可是王女士不着急,想再过几年轻松的日子。双方为此产生矛盾,两人经常言语不和,有时候还会大打出手。赵先生决定离婚,但王女士不愿意。2010 年,赵先生以妻子不愿生育导致感情破裂为由,要求和王女士离婚。

法院经过审理认为,赵先生与王女士婚前缺乏了解,婚后又因生育小孩问题产生分歧,导致夫妻感情破裂。法院对赵先生的诉讼请求予以支持,准予双方离婚,并依法对共同财产进行分割。

**案例分析**

生育是夫妻双方的事情,是一个不可分开看待的整体,缺少了男方或者女方都难以实现。虽然法律规定男女有平等的生育权,但是实际上,生育权最终是否可以得到实施还是要看女性。男方的生育权,最终还是要依靠女性得以实现。根据《妇女权益保障法》规定,妇女有依据国家有关规定生育子女的自由,也有不生育的自由,妻子不愿生育并不违反相关的法律

规定,因此即使法律承认男性有生育权,任何男性都没有权利逼迫女性受孕、生育,而任何女性也没有义务和责任尊重男性的生育权而违背自己的愿望。

但男方为了维护自己的生育权而离婚是可以的。他可以通过解除婚约的办法来实现自己的权利。

### 2.孩子正在哺乳期可以离婚吗？孩子会判给谁

**案例**

张爽爽和吴卫东在 2012 年 3 月喜得一子,一家人都很高兴。然而坐月子期间,张爽爽开始不高兴了:由于张爽爽的姐姐在预产期,她的母亲在姐姐家照顾姐姐,而婆婆李敏华正好闲来无事,就由她来照顾张爽爽母子俩。谁知懒惰的李敏华非但不照顾婴儿,还让张爽爽端茶倒水洗衣服。冬天里,张爽爽一件件地搓着婆婆的脏衣服,腰由于过度劳累而疼痛不已。吴卫华在家时,婆婆却又是对她百般疼爱。所以当张爽爽对丈夫说婆婆的不是时,得到的只是质疑。夫妻二人开始因此争吵,渐生隔阂。2012 年 4 月,张爽爽在整理丈夫衣物时发现了一些商店消费账单和宾馆优惠卡。经过沟通,吴卫东坦白在外面认识了一个身材姣好的女子,并指责张爽爽在产后疏于对自己的打理,一点吸引力也没有。

愤怒至极的张爽爽于 2012 年 5 月向法院提出诉讼,和吴卫东离婚,并取得了孩子的抚养权。吴卫东同意离婚,但以张爽爽没有稳定收入来源为由,坚持孩子的抚养权,于是向当地中级人民法院上诉。2013 年 1 月,中级人民法院判决书下来,维持原判。

**案例分析**

《婚姻法》第三十四条规定:女方在怀孕期间、分娩后一年内或中止妊娠后六个月内,男方不得提出离婚,女方提出离婚的或人民法院认为确有必要受理男方离婚请求的,不在此限。这并不是说在女方怀孕、分娩一年内,夫妻不得离婚。实际上,女方是可以提出离婚的,而法院会酌情受理诉讼。

如果出现特殊情况，男方在这一时期提出离婚诉讼，法院也会受理。受理与否，关键看人民法院是否认为"确有必要"。例如，男方得知女方与他人重婚、姘居、通奸怀孕，女方所怀或所生之子并非自己亲生，即使女方在怀孕期间、分娩后一年，或终止妊娠后六个月内，男方也有权提出离婚。

而在哺乳期间，根据最高人民法院印发《关于人民法院审理离婚案件处理子女抚养问题的若干具体意见》第一条，两周岁以下的子女，一般随母方生活。母方有下列情形之一的，可随父方生活：a.患有久治不愈的传染性疾病或其他严重疾病，子女不宜与其共同生活的；b.有抚养条件不尽抚养义务，而父方要求子女随其生活的；c.因其他原因，子女确无法随母方生活的。如若父母双方达成一致意见，且对孩子没有不利影响的，也可以随父生活。

本案中法院经调查认定夫妻双方感情破裂，且张爽爽坚持哺乳期的孩子的抚养权，所以法院判决离婚，且将孩子判给张爽爽。

### 3.没领结婚证，应该申请解除同居关系还是提出离婚

**案例**

李闯和姚灿曾是大学情侣，他们从大学三年级开始以夫妻的名义同居直到大学毕业后四年，即 2004 年。那年 4 月晚，李闯和姚灿因为李闯父母不同意他俩的婚事而发生激烈的争吵。情绪激动的姚灿抛下同居六年的李闯和两岁大的孩子李好，打包好随身物品，消失在茫茫夜色中，从此杳无音信。几年来，李闯曾多次去外地寻找姚灿，未果。2012 年，李闯终于通过姚灿父母得到信息，姚灿正在石家庄一家公司上班。于是李闯去石家庄找到了姚灿，却发现姚灿已经和一个当地男子结婚，并生有一男孩。李闯要求姚灿和丈夫离婚，并跟他回去。姚灿不愿意。于是李闯将姚灿告上法庭，要求和姚灿离婚，并补偿李好的抚养费。

**案例分析**

法院经过审理认为,李闯和姚灿虽然没有领结婚证,确已构成事实婚姻。然而由于双方已经八年没有生活在一起,感情确已破裂,法院依法判决准予离婚。鉴于儿子李好一直随父生活,为保护未成年人身心健康成长,维护子女权益,法院判决儿子由父亲李闯抚养,姚灿每月应付给李好抚养费 200 元直至成年之日。

事实婚姻,指没有配偶的男女,未进行结婚登记,便以夫妻关系同居生活,群众也认为是夫妻关系的两性结合。也就是说,事实婚姻的男女双方具有公开的夫妻身份,有婚姻的目的和共同生活的形式,即以夫妻名义同居生活,又为周围的群众所公认。不仅内在具有夫妻生活的全部内容,在外部形式上还应有为社会所承认的夫妻身份,且事实婚姻的当事人未履行结婚登记手续。

事实婚姻是相对于合法登记的婚姻而言的。事实婚姻未经依法登记,本质上属于违法婚姻,但考虑到我国的现实国情,为了维持一定范围内的,特别是广大农村人口婚姻关系的稳定,国家对未办理结婚登记而以夫妻名义同居生活的男女双方之间的关系有条件地予以认可,这就产生了"事实婚姻"这一概念。

事实婚姻的男女应无配偶,有配偶则成为事实重婚。

### 事实婚姻和非法同居的区别

| 事实婚姻 | 非法同居 |
| --- | --- |
| 男女双方都具有终身共同生活的目的 | 男女双方不具有这种终身共同生活的目的 |
| 男女双方具备公开的夫妻身份 | 男女双方往往具有陷落性、临时性,不具有公开性 |
| 男女双方均无配偶 | 范围要比事实婚姻宽 |

本案中,事实婚姻的构成需要以下要件:

①男女双方的同居(即男女双方在一起持续、稳定地共同居住)行为始于 1998 年以前;

②同居是以夫妻名义进行的;

③同居双方 1998 年以前同居时已经具备结婚的实质

要件。

事实婚姻的解除目前尚没有统一的标准,我们认为既然事实婚姻与登记婚姻具有同等效力,就应同等对待,即事实婚姻的解除也需要通过法定方式[即行政手段(到民政部门)或诉讼手段(到人民法院)]。在实践操作中,民政部门往往不会受理事实婚姻的协议离婚请求,所以解除事实婚姻关系最好是到法院(即向法院提起离婚诉讼)。

本案中,李闯和姚灿虽然没有领结婚证,却已经以夫妻的名义生活了六年并育有一子。这构成了事实婚姻。而姚灿在没有解除婚约的情况下,去石家庄和另外的男子结婚,就已经构成了重婚罪,是非法的。如果李闯提起刑事自诉或者人民检察院提起公诉,姚灿还要依法承担刑事责任。

### 4.妻子收集丈夫不忠证据,被第三者告侵犯隐私

**案例**

王浩宇是一名企业高管,由于常年工作繁忙,一直没能顾及自己的人生大事。2001年,三十二岁的他在朋友的介绍下认识了二十三岁的公司职员朱冰清。两人很快熟络并定下终身大事。2002年春,二人登记结婚。婚后两人互敬互爱,感情一度非常融洽。两人商量在结婚第二年要个孩子。然而一晃三年过去了,朱冰清一直没有怀孕。去医院检查,却被告知,朱冰清因为做过多次人流手术不能生育。王浩宇大为惊讶,对此十分不满,而朱冰清也十分愧疚。两人的感情一落千丈。2007年,王浩宇因人员培训结识了公司员工张莎。两人开始偷偷约会。后来二人逐渐浓情蜜意,王浩宇开始夜不归宿。

发现情况不对的朱冰清通过侧面打听得知王浩宇和张莎的事情。愤怒的她质问王浩宇,而王则决定破罐破摔,搬去张莎住处,并提出与朱冰清离婚。

伤心的朱冰清冷静下来之后,认为事情无可挽回,便决定搜集王浩宇不忠的证据。她让弟弟跟踪并偷拍王浩宇和张莎

在一起亲热的照片。

拿到证据后，朱冰清便向法院提出诉讼，要求与王浩宇离婚，并要求王浩宇赔偿其精神损失费2万元。

法院经审理查明，朱冰清婚后不能生育，导致王浩宇对其感情日渐冷淡，在与张莎有不正当关系后，进一步导致了夫妻关系的日趋恶化，最终感情破裂。对朱冰清提供的证据，因为是第三人通过跟踪、偷拍的手段所得的，侵犯了他人隐私权，对证据的合法性不予采纳。经法庭主持调解，朱冰清放弃了精神损害赔偿诉求，法院判决准许二人离婚。

**案例分析**

在夫妻一方出现外遇、与他人同居等不忠行为的时候，另一方往往会通过各种方法搜集证据，希望通过这些证据能够在以后的离婚诉讼中为自己赢得一点胜算，或者希望法院能够判给自己精神损失费等。这样的想法无可厚非，而且我们也强调当事人特别是离婚诉讼中的无过错方有一些自我保护的法律意识，做好证据的搜集工作。但是，这并不代表法律鼓励当事人不择手段地取得证据，特别是案例中我们看到的通过跟踪、偷拍取得那些涉及个人隐私的证据。案例中，虽然丈夫在婚姻中扮演了一个过错方的角色，违反了夫妻之间的忠诚义务，背叛了婚姻和对方，但是妻子动用了各种极端手段取得的所谓丈夫出轨的证据，最后并没有得到法院的认可。相反，法院认为这样得到的证据侵犯了丈夫和另外一方的隐私权。所以，对于私人取得证据的方法，法律是予以限制的。一般来说，对于采用偷拍、跟踪他人等方法取得的证据，如果内容涉及他人的隐私，那么就是法律所禁止的。

我们通常所说的"捉奸证据"，很大程度上法院是不认可的，因为法律保护的利益并不单单是夫妻关系，公民的隐私权也是法律所保护的内容。也就是说，当两个法律保护的利益发生冲突的时候，法律就要作出选择，在这个问题上，法律选择的是对于隐私权的保护。

《最高人民法院关于民事诉讼证据的若干规定》第六十八条规定：以侵

害他人合法权益或者违反法律禁止性规定的方法取得的证据,不能作为认定案件事实的依据。案例中朱冰清让弟弟拍摄的那些照片,侵害了上述规定中谈到的"他人合法权益",这些证据就不能作为定案的依据。

所以,即使发现对方有不忠的行为,我们还是要采取合法的方式来搜集证据,避免出现侵犯他人隐私权的情况。

受害一方,由于无法取得有力的证据在离婚时很难维护自己的合法权益。通常,当事人所能够提供的电话清单、通话记录、短信内容、亲密照片、证人证言等,其证明力相对来说比较小,法院不会因这些证据而直接认定对方有过错。那么,究竟哪些证据才可以认定"第三者",该怎么去收集这些证据呢?

①书面证据的收集。

对方因婚外情被曝光,在情急之下写的表示悔改的"保证书""道歉书"等,以及对方单位在查实其婚外情后对其作风问题作出处理的书面材料;还有就是对方与"第三者"之间的书信往来。

②电子证据的收集。

对方与第三者之间的短信、电子邮件或电话录音等,但短信、电子邮件均应先做一公证,再提交法院为宜。

③视频证据的收集。

对方与第三者捉奸在床的视频录像或照片,收集此类证据要注意不能侵犯隐私权。单独的亲密或做爱的视频、照片也仅仅能证明通奸事实,还不足以认定有配偶者与他人同居的事实。如果没有其他证据佐证,单独的视听资料也很难被法院采信。

第三者搜集证据时哪种收集方法不可取?

①请私人侦探的证据收集手段。

通过私人侦探或调查公司收集外遇的证据,有待商榷。因为调查公司注册的经营范围大多是商务信息调查,在婚姻纠纷中的调查权非常有限,更何况经过正规的法律培训的调查人员更是少之又少。若在取证过程中涉及侵犯他人隐私权及其他权利的,则常会因取证手段违法导致证据不被法院采信。

②捉奸在床的证据收集手段。

在离婚过错证据的搜集中,捉奸在床的想法是与中国人传统的思想

认识和价值观念分不开的。但实际上，捉奸在床除了激化双方的矛盾之外，在诉讼中的意义并不大。

③引诱犯错的证据收集手段。

在找不到对方过错的情况下，便导演出一些外遇的情境，采取偷拍偷录的形式，截取片段交给委托人应付了事。还有则是故意征募一些社会青年，跟踪到对方的行踪后，在某一路段假扮熟人与对方打招呼、拥抱，拍得这样的镜头来骗取委托人钱财。引诱犯错是对当事人人格损害最为严重的一种取证方式，其根本没有效力性，对当事人双方的情感伤害也很大。

我国法律实行一夫一妻制，婚外第三者干涉别人家庭，这是不道德，也是法律所不允许的行为。关于第三者证据的收集，取证方面十分困难，在取证过程中容易出现搜集证据手段不可取、法官也许不认定为有效证据或者证明力不大等情况，所以在起诉离婚取证时，有必要咨询相关律师，更好地收集有力证据。

**5.丈夫给"第三者"添置的房产，妻子可以夺回吗**

**案例**

张正和顾洁于2008年结婚，在两人结婚四年后，张正认识了无为女子胡淑英，随后，张正和胡淑英关系开始暧昧起来，两人经常出去约会。2010年，张正为庆祝他和胡淑英"交往"两年，背着老婆顾洁，私自转账100万元给胡淑英买房。同年11月4日，张正又以还借款为由私自转账给胡淑英6万余元。之后，两人又去泰国等地旅游，全程由张正付款。

2014年2月，顾洁得知这一切之后，与张正的关系开始急剧恶化，两人终于在2014年4月离婚。5月，顾洁将胡淑英告上法院，要求胡淑英归还属于夫妻共同财产的106万元。庭审过程中，张正承认了私自将106万元转账给胡淑英一事，并同意顾洁让胡淑英把钱归还。然而胡淑英称106万元属于她和张正之间正常的经济往来，而并非赠予。虽然如此，她却不能拿出证据证明。

法院经过审理后认为，张正在与顾洁结婚关系存续期间，违背夫妻应当互相忠实的义务,与胡淑英关系暧昧,并于2010年通过银行转账方式付给胡淑英100万元,双方没有其他任何经济交易行为往来,其给付性质应当认定为"赠予关系"。对于该笔财产,张正和胡淑英都没有证据证明是张正的个人财产,应当认定为夫妻共同财产。

同时,张正当庭表明,同意胡淑英将上述受赠所得全部返还给顾洁一个人,所以,法院支持顾洁要求返还这笔100万元的请求。但2010年11月4日,张正以借款之名私自转账给胡淑英的现金6万元,转账信息明确载明系"借款",属另外一个法律关系,不属于本案审理范围。

**案例分析**

我国《婚姻法》第十七条明确规定,夫妻在婚姻关系存续期间所得下列财产归夫妻共同所有:

①工资、奖金。

②生产经营的收益。

③知识产权的收益。

④继承或赠予的财产。

⑤其他应当归共同所有的财产。

而根据最高人民法院《关于适用〈中华人民共和国婚姻法〉若干问题的解释(一)》第十七条规定:夫或妻在处理夫妻共同财产上的权利是平等的。因日常生活需要而处理夫妻共同财产的,任何一方均有权决定。夫或妻非因日常生活需要对夫妻共同财产做重要处理决定,夫妻双方应当平等协商,取得一致意见。他人有理由相信其为夫妻双方共同意思表示的,另一方不得以不同意或不知道为由对抗非善意第三人。

张正在妻子不知情的情况下,把夫妻共同财产赠予"第三者",而该"第三者"明知张正的赠予行为未得到妻子的认可,故该"第三者"为非善意第三人,赠予行为属无效,顾洁可依法行使权利要求撤销赠予。

老公给"第三者"的钱属于夫妻共同财产的,妻子是可

以索回的。做"第三者"的要小心得不偿失,而受伤害的妻子要用法律手段保护自己的利益。

### 6.婚后发现老公隐瞒了病情,可以离婚吗

**案例**

2006年,刚刚大学毕业的郭彩霞经同学介绍认识了同在一座城市生活的谢立群。两人经过接触和了解之后认为彼此就是生命中的那个"他(她)"。在见过父母和亲朋之后,郭彩霞同谢立群于2007年年初结婚。婚后,两人感情一度很好。但郭彩霞也经常发现丈夫有些不对劲,经常会对人冷淡,与人疏远,对外界事物不感兴趣,对自己不知关心照顾,生活懒散,注意力经常难以集中。后来情况愈演愈烈。2009年,谢立群经常说话前言不搭后语,有时候还会没有缘由地脾气暴躁,拳脚相向。在郭彩霞的坚持下,谢立群去医院做了检查。检查发现谢立群竟然有精神分裂症。而在郭彩霞的追问下,谢立群及其家人坦白了事实:在结婚之前,谢立群已经发现有精神病,但是为了和郭彩霞结婚,他和家人隐瞒了病情。

郭彩霞非常愤怒,而谢立群的病虽然进行过多次治疗,但仍然在不断恶化。两人沟通困难,经常吵架。忍无可忍的郭彩霞于2011年搬回了娘家,并向谢立群提出离婚。谢立群不愿意。郭彩霞于2011年4月向法院提出离婚诉讼。

法院审理后认为,郭彩霞和谢立群婚后感情虽然一度很好,但被告谢立群在结婚之前向郭彩霞隐瞒了自己患有精神病的事实,并在婚后多次治疗,却未能痊愈,造成两人感情不和分居,感情确实已经破裂。法院依法判决准予二人离婚。夫妻共同财产归被告谢立群所有,而郭彩霞支付给被告谢立群生活费2000元。

**案例分析**

《婚姻登记条例》中规定,患有医学上认为不应当结婚的疾病的,婚姻登记机关将不予登记结婚。而根据《婚姻法》的原则性

规定及《婚姻登记办法》等法规的具体规定,禁止或限制结婚疾病包含重症精神病。《母婴保健法》第八条规定,婚前医学检查包括对严重遗传性疾病、指定传染病及有关精神病的检查。可见,医学上认为不应当结婚的疾病主要包括这三种疾病。

而根据最高人民法院 2001 年 12 月颁布的《关于适用〈中华人民共和国婚姻法〉若干问题的解释(一)》,和婚前患有医学上认为不应当结婚的疾病的人结婚且婚后对方尚未治愈,当事人可以申请婚姻无效,法院也可以宣告婚姻无效。

因此,在谢立群结婚之初虽然病情较轻,但对郭彩霞故意隐瞒了病情。而婚后病情加剧,二人沟通困难,导致分居,证明二人矛盾已经上升到了一个不可以调和的地步。根据《最高人民法院关于人民法院审理离婚案件如何认定夫妻感情确已破裂的若干具体意见》的第三条,婚前隐瞒了精神病,婚后经治不愈,或者婚前知道对方患有精神病而与其结婚,或一方在夫妻共同生活期间患精神病,久治不愈的,即为夫妻感情破裂。

据上述规定,法院判定谢立群和郭彩霞离婚。

# 三、未成年人权利、义务及保障

## (一)未成年子女受抚养权益的维护及保障
### 1.离婚后,孩子应归谁养

**案例**

胡雯雯和方庆于 1998 年结婚,婚后育有一子方震。2004年开始,由于生意不顺,店面开始亏损,方庆压力很大,整天闷闷不乐,继而染上了酗酒的毛病。虽然 2006 年之后,生意转好,但方庆的酒瘾没有戒掉,经常一喝就多,一醉就发酒疯,胡雯雯和方震经常挨打。2011 年,再也无法忍受的胡雯雯向法院提起离婚诉讼,要求与方庆离婚,分割夫妻共同财产,并提出要抚养方震,方庆每月支付方震 500 元的抚养费。在法庭上,方

庆辩称:胡雯雯在 2006 年家里生意转好后就已将原先的工作辞掉,做全职主妇,所以没有经济来源,没有能力抚养方震。而自己做生意,经济状况较好,且自己已无生育能力,因此孩子应该归他抚养。胡雯雯提出,自己虽现在没有工作,但仍然通晓韩语,可以做翻译养活自己和孩子。

法院审理后判定孩子归原告抚养。

**案例分析**

《最高人民法院关于人民法院审理离婚案件处理子女抚养问题的若干具体意见》(以下简称《意见》)规定,两周岁以下的子女,一般随母生活。

但在以下情况下也可随父生活:

①母亲患有久治不愈的传染性疾病或其他严重疾病,子女不宜与其共同生活的;

②母亲有抚养条件不尽抚养义务,而父方要求子女随其生活的;

③因其他原因,子女确无法随母方生活的。

两周岁以上未成年的子女,父方和母方均要求随其生活,一方有下列情形之一的,可予以优先考虑:

①已做绝育手术或因其他原因丧失生育能力的;

②子女随其生活时间较长,改变生活环境对子女健康成长明显不利的;

③无其他子女,而另一方有其他子女的;

④子女随其生活,对子女成长有利,而另一方患有久治不愈的传染性疾病或其他严重疾病,或者有其他不利于子女身心健康的情形,不宜与子女共同生活的。

父母双方对十周岁以上的未成年子女随父或随母生活发生争执的,应考虑该子女的意见。子女抚养权是可以因情况变化而发生变更的。

在出现下列情形时,子女抚养权可以变更,即该《意见》第十六条规定的:

①与子女共同生活的一方因患严重疾病或因伤残无力继

续抚养子女的；

②与子女共同生活的一方不尽抚养义务或有虐待子女行为，或其与子女共同生活对子女身心健康确有不利影响的；

③十周岁以上未成年子女，愿随另一方生活，该方又有抚养能力的；

④有其他正当理由需要变更的。

案例中虽然方庆经济状况较好，且已无生育能力，拥有优先考虑的条件，但是，他酗酒后打骂孩子，不利于孩子身心的健康成长。由于离婚后分割的夫妻财产以及原告仍有一技之长等因素，说明原告仍有抚养孩子的能力。因此为更好地保护子女的合法权益以及他们的健康成长，应确定由原告抚养更为合适。

### 2.离婚后，孩子的抚养费由谁来出

**案例**

小强的父母在小强四岁时离婚，小强跟着母亲生活，小强父亲也没有支付抚养费。因母亲没有工作，二人生活很清贫，尤其是在小强上学以后家里开支增加。母亲找到小强的父亲要求其分担小强的生活和学习费用，但小强父亲以离婚孩子已经不是自己的为由拒绝。小强母亲无奈起诉。

**案例分析**

有的人认为离婚后没有抚养子女的一方就与子女没什么关系了，这种想法是绝对错误的。父母与子女之间的关系，不因父母离婚而消除。离婚后，子女无论由父或母直接抚养，仍是父母双方的子女，父母对于子女仍有抚养和教育的权利和义务。

其实，我国法律对如何支付抚养费的问题作出了明确的规定，《婚姻法》第三十七条规定："离婚后，一方抚养的子女，另一方应负担必要的生活费和教育费的一部或全部。负担费用的多少和期限的长短，由双方协议；协议不成时，由人民法院判决。关于子女生活费和教育费的协议或判决，不妨碍子女在必

要时向父母任何一方提出超过协议或判决原定数额的合理要求。"

在前文所举出的案例中,小强父亲应当给付小强生活费和教育费,并直到小强成年。这期间如果发生了一些客观的变化,例如物价上涨、生病住院等使开支增加的,小强或者其母亲还可以再要求小强父亲增加抚养费,这一点在法律上是支持的。

那么是不是只要子女年满十八岁,父或母一方就不必负担抚育费了呢?《意见》第十二条作出如下说明:成年子女在丧失劳动能力或虽未完全丧失劳动能力,但其收入不足以维持生活的,尚在校就读的,确无独立生活能力和条件的,父母又有给付能力的,仍应负担必要的抚育费。还有,在子女十六周岁后,如果他们自己能够赚钱养活自己的,抚养费就可以停付了。

## (二)未成年子女继承权的维护及保障
### 1.未成年子女的继承权可以被剥夺吗

**案例**

王晓明是一名十七岁的少年。长期游手好闲,由于一直自认为读书无用,所以他在十五岁初中毕业之后,就再也没有去过学校。2012年,再次因小偷小摸被"请"去公安局的他,让父母失望透顶。他们立下遗嘱,将所有财产都给了已经考上大学的姐姐。王晓明的父母这样做可以吗?

**案例分析**

《继承法》第五条规定:继承开始后,按照法定继承办理;有遗嘱的,按照遗嘱继承或者遗赠办理。与法定继承相比,遗嘱继承虽然也是一种继承方式,但其优先于法定继承,即被继承人生前如果立有合法有效的遗嘱,就应当首先按照遗嘱的规定进行遗嘱继承;在没有遗嘱或者有遗嘱但遗嘱被人民法院判决无效,以及有遗嘱但遗嘱仅处分了部分财产的情况下,才按法定继承方式进行。

依据现行法律规定,公民不仅可以通过设定遗嘱的方式改变继承人的范围、顺序和继承份额,而且还可以取消法定继承人的继承权,把财产遗赠给法定继承人以外的人。但是,为了保护未成年人的利益,对于未成年的法定继承人,法律是禁止以遗嘱方式剥夺其继承权的;法律规定遗嘱应当为缺乏劳动能力又没有生活来源的继承人保留必要的遗产份额。由此可见,公民立遗嘱时不能剥夺法定继承人中无独立生活能力的未成年人的继承权。否则,该遗嘱无效。被遗嘱剥夺继承权的无独立生活能力和缺乏劳动能力的未成年法定继承人可依法律规定继承其应继承的份额。

父母以儿子王晓明不务正业为由,剥夺其继承权是没有法律依据的。《继承法》第七条规定:"继承人有下列行为之一的,丧失继承权:(1)故意杀害被继承人的;(2)为争夺遗产而杀害其他继承人的;(3)遗弃被继承人的,或者虐待被继承人情节严重的;(4)伪造、篡改或者销毁遗嘱,情节严重的。"王晓明并没有以上所列的行为,因此他有权继承其父母的遗产。王晓明父母的遗嘱没有给未成年的王晓明留下适当的遗产,以保证缺乏劳动能力又没有生活来源的儿子的正常生活,是违反法律规定的,因而其遗嘱部分无效。

## 2.父母可以代理未成年人放弃继承权吗

### 案例

2012年2月,十五岁少年王瑞的父亲因病去世。在父亲去世之后,继母就将其从家里赶了出来,并以"父母可以代理未成年子女行使继承权、受遗赠权"为由,代理他放弃了对父亲遗产的继承权。那么王瑞的继母可以这么做吗?

### 案例解析

《继承法》第六条规定,无行为能力人的继承权、受遗赠权,由他的法定代理人代为行使。限制行为能力人的继承权、受遗赠权,由他的法定代理人代为行使,或者征得法定代理人同意后行使。

但是同时,按照《最高人民法院关于贯彻执行〈中华人民共

和国继承法〉若干问题的意见》第八条的规定："法定代理人代
理被代理人行使继承权、受遗赠权,不得损害被代理人的利益。
法定代理人一般不能代理被代理人放弃继承权、受遗赠权。"

也就是说,父母虽然可以代理未成年子女行使继承权、受
遗赠权,但一般不能代理未成年子女放弃继承权、受遗赠权。
明显损害子女利益的,应认定其代理行为无效。王瑞的继母将
王瑞赶出家门,并代他放弃继承权,这样的行为无论从道义上
还是从法律上都是不被允许的。协调无效的话,王瑞可以借助
法律武器维护自己的正当利益。

## 四、军人婚姻权益的维护及保障

《婚姻法》第三十三条规定:"现役军人的配偶要求离婚,须得军人同
意,但军人一方有重大过错的除外。"

婚姻自由是法律赋予公民的权利,但由于军人的特殊地位和职责,
《婚姻法》制定此条规定以保护军人婚姻。这是对我国现役军人的一种
保护,也是对现役军人非军人配偶离婚权利的一种限制。

应注意:

①"现役军人"指的是具有军籍的,正在中国人民解放军或武装警
察部队服役的干部和战士(包括上述军队中的文职人员)。不包括退
役、复员转业和离退休人员,也不包括在军事部门工作没有军籍的工
作人员。

②本条规定的现役军人配偶是指与现役军人有合法婚姻关系的非
军人一方。与现役军人有婚约关系的非婚夫、未婚妻不包括在内,与现
役军人仅有恋爱关系的也不包括在内。现役军人的配偶本人也是军人
的,法院按照一般的离婚案件审理。现役军人的配偶要求离婚,是指非
军人一方向现役军人一方提出离婚的情形。如双方均是现役军人,或现
役军人一方向非军人一方提出离婚,不适用本条的限制性规定,而按照
一般规定处理。

③"须得军人同意"是指军人的配偶提出离婚,非经军人本人同意,

不得准予离婚。但考虑到婚姻自由基本原则与《婚姻法》第三十二条第二款夫妻双方"感情确已破裂,调解无效,应准予离婚"的规定,军人离婚案件的处理,考虑到军人一方不同意离婚的情形,法院应配合有关部门对军人配偶进行说服教育工作,调解或判决不准离婚;但对婚姻确已破裂,无法继续持续夫妻关系,经调解无效的,法院应通过军人部队团以上的政治机关,做好军人的思想工作,取得军人同意,准予离婚。

④根据《〈婚姻法〉司法解释(一)》规定,"重大过错"应理解为具体指如下几种情况:a.重婚或有配偶者与他人同居的;b.实施家庭暴力或虐待、遗弃家庭成员的;c.有赌博、吸毒等恶习屡教不改的。

根据《民事诉讼法司法解释》第十一条:"双方当事人均为军人或者军队单位的民事案件由军事法院管辖。"

《军队贯彻实施〈中华人民共和国婚姻法〉若干问题的规定》中,对军人的晚婚鼓励和配偶条件等问题还做了详细的规定。(参见附录)

军婚,是与现役军人形成婚姻关系的婚姻。军婚,受到国家法律重点保护,破坏现役军人的家庭婚姻关系,应受到《刑法》的严厉打击。《刑法》第二百五十九条规定:明知是现役军人的配偶而与之同居或者结婚的,处三年以下有期徒刑或者拘役。利用职权、从属关系,以胁迫手段奸淫现役军人的妻子的,依照《刑法》第二百三十六条强奸罪的规定定罪处罚。以上规定反映了国家对军人家庭和军人合法权益的特殊保护。

## (一)夫妻长期分居,妻子要求离婚怎么办

### 案例

陆某,男,解放军某部上尉军官;范某,女,某小学老师。陆某与范某于1999年结婚。十年时间里,陆某常年在外地服兵役,有时候几年都回不来一次家,家里里里外外都由范某一个人操持。家里上有四个年过六十的老人,下有一个还在幼儿园的孩子。范某逐渐支持不住。2009年,范某要求陆某尽快转业。按照部队的规定,转业可以,但短时间内转业到居住地上海有一定难度。与此同时,范某的同事陈某得知她的情况后经常帮助范某解决生活上的困难,而范某为了表示感谢也经常会请陈某到家中吃饭。两人一来二去产生了感情。2010年6月,

范某向区法院提出与陆某离婚。陆某坚决不同意。2010年10月,法院一审判决,准予离婚。

**案例分析**

　　本案原告是现役军人配偶。法院办案人员在陆某坚决不同意,而且陆某无重大过错的情况下判决离婚,这是很草率的错误行为。陆某可以通过向上一级法院起诉,或者提出申诉,申请再审从而维护自己的合法权益。

　　而法院在保护军人合法利益的同时,也要保护其配偶的合法权益。解除一桩死亡的婚姻,对于双方当事人都是一种解脱。如果夫妻感情确实已经破裂,经调解无效,确实不能维持夫妻关系,而法院认为确实应该离婚的,则应该通过军人所在的部队团以上的政治机关做好军人的思想工作,取得军人的同意后,再调解或者判决离婚。

## (二)和军人怎样办理结婚和离婚手续

### 1.结婚

　　首先,提前1个月向所在单位党组织或政治机关提出书面的结婚申请,经审查同意后,由政治机关出具《婚姻状况证明》,作为登记结婚的依据。

　　其次,选择婚姻登记机关。办理现役军人婚姻登记的机关,可以是现役军人部队驻地所在地或户口注销前常住户口所在地的婚姻登记机关,也可以是非现役军人一方常住户口所在地的婚姻登记机关。

　　第三,办理结婚登记需要出具"军官证"或"士兵证"和与结婚对象没有直系血亲,或者是三代以内旁系血亲关系的签字声明。而由于军人只持有军官证,而没有身份证和户口簿,因此在办理登记的时候,需要军队出具婚姻状况证明。

### 2.离婚

　　如若单军人一方要求离婚,则要进行军内调解和出证程序。它分两种情况:一是军人所在部队政治机关领导应当视情进行调解;符合《婚姻法》规定的离婚条件,并经对方同意,政治机关方可出具证明同意离婚,双方到地方婚姻登记管理机关进行离婚登记。二是如军人一方坚持离婚,对方坚决不同意离婚的,部队可商请对方所在单位或地方有关部门进行调解。调解无效的,政治机关出具证明,由当事人向法院提出离婚诉讼。

## (三)军人的转业费或复员费属于夫妻共同财产吗

**案例**

结婚五年后,王灿和田爽的婚姻走到了尽头。1997年,二十岁的王灿入伍做了一名军人。2002年,当兵五年的他在回家探亲期间经同学介绍认识了田爽。二人一见如故,相谈甚欢,很快定下终身大事。2003年,二十六岁的王灿办理了一系列的手续后,和田爽结婚。但是由于军人的特殊职责,王灿一直身处外地。2007年,王灿复员回家。然而在相处中,二人发现,由于相处时间短、了解不深入,两个人的生活习惯和思维方式有很大的差异。2008年,两人确定关系破裂,决定离婚。但是两人对王灿10000元复员费的分配有意见分歧。王灿认为,他刚复员不久,工作还无着落,这笔钱可以帮助他度过生活的转折时期。而田爽认为,结婚五年来,家里上上下下都是她来打点,理应分得一半的钱。那么到底这笔钱应该怎样分配呢?

**案例分析**

《〈婚姻法〉司法解释(二)》中规定,军人的伤亡保险金、伤残补助金、医药生活补助费属于个人财产。人民法院审理离婚案件,涉及分割发放到军人名下的复员费、自主择业费等一次性费用的,以夫妻婚姻关系存续年限乘以年平均值(指将发放到军人名下的上述费用总额按人均寿命七十岁与军人入伍时实际年龄的差额均分得出的数额)所得数额为夫妻共同财产。前款所称年平均值,是指将发放到军人名下的上述费用总额按具体年限均分得出的数额。其具体年限为人均寿命七十岁与军人入伍时实际年龄的差额。

王灿二十岁入伍,复员时部队一次性发了10000元,二十六岁结婚,结婚五年后离婚,那么平均值就是10000÷(70−20)

＝200元，作为夫妻共同财产的复员费总额是 200×5＝1000元，这 1000 元将在夫妻之间进行平等分配，每人 500 元，剩余的 9000 元复员费属于复员一方的个人财产。

# 五、涉外婚姻权利、义务及保障

涉外婚姻是指一国公民同外国人（包括无国籍人）的婚姻，包括涉外结婚和涉外离婚。根据我国法律，我国公民和外国人结婚适用婚姻缔结地法律，离婚适用受理案件的法院所在地的法律。随着我国改革开放的发展，越来越多的外国人拥向中国工作生活，甚至是结婚生子。我国的《婚姻法》《民法通则》等法律条例对于涉外婚姻有一些规定。凡涉外婚姻当事人在我国境内结婚或离婚的，都必须按照我国法律的规定办理。

## （一）涉外婚姻中婚姻的权利及维护和保障

法律依据：

我国《民法通则》第一百四十七条规定："中华人民共和国公民和外国人结婚适用婚姻缔结地法律。"由此可见，我国对于不同国籍的当事人之间的结婚问题，采用行为地法的原则。不论是结婚的实质要件还是形式要件，均以婚姻缔结地所在国家（地区）的法律作为准据法。具体说来，中国公民同外国人（包括无国籍人）在我国境内结婚的，适用我国法律的规定；在我国境外结婚的，适用当地国家（地区）法律的规定。在后一种情况下，被当地国家（地区）确认有效，我国法律亦认其为有效。当然这种承认是以不违背我国《民法通则》的社会公共利益保留条款为前提的（这是适用外国法和国际惯例的基本要求）。

### 1.中国公民同外国人在中国境内结婚，要遵循哪国的《婚姻法》

中国公民与外国人在中国境内结婚，男女双方当事人必须不违背我国《婚姻法》关于结婚自由、一夫一妻和男女平等原则，根据"结婚适用婚姻缔结地法律"的原则，应适用中国法律。在不违背我国法律基本原则的前提下，对外国人一方的结婚条件，可适当考虑其本国法律中的有关规定，以免该项婚姻被其本国认为无效。

### 2.中国公民同外国人在中国境内结婚,对于中国公民有什么限制

**案例**

　　刘正是我国驻英国使馆的外交官。他的女友以前是中国人,后来改为美国国籍。那么他还能和女友结婚吗?

**案例分析**

　　由于刘正职业的特殊性,按照国家规定,他是不能和外国人结婚的。由于他的女友现在是美国国籍,所以他们是不能结婚的。

对结婚主体的限制:

　　根据《中国公民同外国人办理婚姻登记的几项规定》的规定,以下两类中国公民不准同外国人结婚:

　　第一类是某些担任特定公职的人员。其范围是:①现役军人,是指正在中国人民解放军和人民武装部队中服役,具有军籍的干部和战士。但某些原在部队掌握核心机密和重大机密的复员、转业军人,在他们掌握和熟悉的机密失密前,也不能同外国人结婚。②外交人员,是指直接从事外交工作的人员,主要指外交部和我国驻外使、领馆的外交官。③公安人员,是指在编的各级公安机关、国家安全机关的干警。④机要人员和其掌握重大机密的人员,是指在国家党政机关、科研机构和企业单位从事机要工作,掌握党和国家重大机密和科技尖端机密的人员。法律不准担任特定公职的人员同外国人结婚,是为了维护国家的安全和利益,这也是世界各国立法的通例。

　　第二类是正在接受劳动教养和服刑的人。这类人由于违法或犯罪,正在接受法律制裁,被限制了人身自由,所以不准同外国人结婚。

### 3.外国人与外国人(包括定居在我国的外国侨民)可以在中国境内结婚吗

　　在结婚实质要件方面,我国立法对法律适用问题尚无明确规定。在实践中,双方都是临时来华的外国人,或一方是在华工作的外国人,另一方是临时来华的外国人,要求在我国办理结婚登记的,如果符合我国有关法律规定的,双方可到我国婚姻登记管理机关办理结婚登记。为了保证我国婚姻登记的有效性,可以要求当事人提供本国法律

有关在外国办理结婚登记的有效条文。要求在中国领证的外国人遵守我国《婚姻法》的各项规定,但也适当照顾有关国家法律关于结婚的具体规定。我国也承认基于条约或互惠,外国人双方在具有同一国籍的情况下,到本国驻华使、领馆办理结婚登记或依宗教仪式结婚。但是,这种登记或举行宗教仪式并不免除他们遵守我国《婚姻法》和其他有关法律的义务。

**4.一方或两方都是中国人,在国外结婚可以吗**

**案例**

小张和小魏是一对中国情侣,他们要结婚了。他们是三年前在美国留学认识的,而现在因为学业,小张和小魏还准备在美国继续深造。那么他们可以在美国结婚吗?

**案例分析**

他们是可以结婚的。但是由于我国法律对这一情况没有具体的规定,在当事人遇到利益损害时维权较为麻烦。

中国公民在国外结婚,包括结婚当事人双方为中国人或一方为中国人在我国境外结婚。在实践中,我国从尊重当地国家的主权及保护当事人的实际利益出发,承认他们根据当地法律而缔结的婚姻是有效的。我国《民法通则》第一百四十七条关于中国公民和外国人结婚适用婚姻缔结地的规定也适用于中国公民和外国人在我国境外结婚的情形。但我国法律对结婚当事双方均为中国公民在我国境外结婚适用什么法律无明文规定。对中国公民来说,为了使他们的婚姻在日后回国的情况下得到我国法律的保护,要求他们缔结婚姻时尽量不与我国《婚姻法》的基本原则相抵触,主要是不应与婚姻自由的原则、一夫一妻原则、男女平等原则以及保护妇女合法利益原则相抵触。

## (二)涉外婚姻有关离婚的权利、义务及保障
### 1.涉外婚姻中离婚适用哪国法律

**案例**

2003年,私营企业公司职员王晴川被派遣到美国工作一

年,期间和美国人乔治·布朗结识并相恋。两人在 2005 年按照美国法律办理了结婚手续。一年期满,王晴川被调回国,按照用工合同,她还要为公司工作三年。她和乔治·布朗商议后决定,继续在该公司工作直至合同期满,再来美国定居。2006年,王晴川回国。然而王晴川回国后,与乔治·布朗的交流越来越困难。两人开始激烈地争吵,感情越来越糟。2007 年,王晴川向上海市中级人民法院起诉,和乔治·布朗离婚。那么上海法院有无管辖权? 应适用什么法律来确定离婚中的具体权利义务?

**案例分析**

在处理本案时,首先要看王晴川在美国结的婚是否有效。在美国,王晴川和乔治·布朗按照美国法律办理了结婚手续,他们的婚姻应是有效的。再看上海法院是否对此离婚案有管辖权。离婚诉讼属于民事诉讼,民事诉讼的地域管辖的一般原则是"原告就被告",即由被告住所地人民法院管辖。但是也是有特殊情况的。在一些特殊情况下,也会出现"被告就原告"。我国《民事诉讼法》第二十二条规定,对不在中华人民共和国领域内居住的人提起的有关身份关系的诉讼,由原告住所地人民法院管辖;原告住所地与经常居住地不一致的,由原告经常居住地人民法院管辖。本案中,长期居住在中国的王晴川是原告,而居住在美国的乔治·布朗为被告,王晴川可以依法向中国的法院提起诉讼。所以说,上海法院拥有管辖权。

根据《民法通则》第一百四十七条对涉外离婚适用法律问题有明确规定,即中华人民共和国公民和外国人离婚适用受理案件的法院所在地法律。因此,受理此案的中国法院应适用中国婚姻法律来审理此诉讼案件。

涉外案件由于当事人来自不同国家,会遇到法律适用以及冲突规范的问题,加之牵涉到公证、认证,以及申请跨国承认判决的问题,再加之语言可能存在障碍,因此,较一般国内离婚案件相对复杂。涉外离婚案一般分为以下几种类型:

（1）双方均为中国国籍，在国内登记结婚，但一方在国外不能回国的处理方式。

根据我国法律规定，若一方不能回国办理离婚登记手续，即使当事人就离婚已能达成合意，也不能通过民政部门办理登记手续，只能通过法院解决婚姻关系。解决方式：

①双方能达成合意的解决方式：

a.国外一方，委托国内的朋友或律师作为其诉讼代理人代为诉讼。需填写固定格式的授权委托书、离婚意见书。写好的授权委托书、离婚意见书需经我国驻外使领馆认证。

b.与此同时，国内一方向其所在地的人民法院提起民事诉讼，最好在诉状上写明已基本就离婚问题协商一致的事实，以求得法院及早开庭，迅速、快捷地解决。

c.法院择日开庭后，原告及其代理人与被告代理人就离婚问题达成调解书（判决书），一般当日生效，一周后可领取生效法律文书。

②双方不能达成合意的解决方式：

a.国内一方向人民法院提起离婚诉讼，提交结婚证、原告身份证、被告国外的住址（护照），以及其他相关证据。

b.法院审查立案后，一般会询问原告是否能与被告达成协议事宜，若不能，或被告杳无音信，法院会一级级将诉讼文书转到外交部，通过外交途径送达。故可能会产生两种情况：

其一，被告收到法院传票后，作出答辩，法院择日开庭，裁决是否判离；

其二，将传票送出三个月，被告方仍杳无消息，一般法院会再公告七个月，之后，缺席判决。

应当指出的是，如果缺席判决，法院一般仅就人身关系作出裁决，而对于财产部分，法院一般不予处理。

（2）一方为中国公民，一方为外国公民，在我国境内登记结婚的处理方式。

①双方能达成合意的解决方式：

a.国外一方能回国，双方到当事的涉外婚姻管理机关办理离婚登记手续。

b.国外一方不能回国,国内一方在其住所地人民法院提起离婚诉讼,步骤同上。

②双方不能就离婚问题达成协议的解决方式:

a.国内一方将结婚证、公证书、原告身份证、被告身份材料(护照、结婚登记时填写的申报表等)相关证据材料递交法院,提起离婚诉讼。

b.法院经审查立案后,送达应诉通知,择日开庭,步骤同上。

(3)一方为中国公民,一方为外国公民,在国外登记结婚,离婚的处理方式。

①首先,须将国外颁发的婚姻注册证书在所在国公证后,再到我驻该国使、领馆进行认证,然后在国内立案。如果双方均在中国,或虽然国外方在所在国,但不予配合,解决此案的难点之一在于公证、认证的进行。

②将结婚注册证书公证、认证后,再连同其他诉讼材料递交法院,进入立案程序。如果双方离婚合意,一般可在一个月内审结;若一方不同意,或一方杳无音信,诉讼期间最长可达一年半左右。

**2.夫妻都是中国人,一方居住在国外,怎样办理离婚**

**案例**

通过相亲认识的卫华和朱小利,在相处了短暂的时间之后,于2004年在广州结婚。2008年,卫华出国进修。在进修期间,卫华遇到另一个姑娘王昌洁,二人一见钟情。很快,卫华向朱小利提出离婚。朱小利精神上虽然受到了一定的打击,但和卫华几经沟通之后,还是同意了。2009年,二人通过电话和网络协商,并对财产进行了划分。由于一些客观因素,卫华无法回国办理离婚手续,于是卫华委托中国律师在法院提出离婚诉讼。法院经过审理,出具民事判决书,判决原告、被告双方解除婚姻关系。

**案例分析**

在中国登记结婚的夫妻,如果如案例中那样,有一方出国,而另一方仍居住在国内,且两方都同意离婚,并在财产分割和子女抚养等问题上达成一致意见的,若出国的一方可以回国,

则两人可到两者之一的户籍所在地或者是出国的一方出国前的户籍所在地,向当地婚姻登记管理机关申请离婚登记;若在国外的一方不能回国,则无法采取协议离婚的方式办理离婚手续,走诉讼程序,向有管辖权的法院提出离婚诉讼是必需的。

《最高人民法院关于适用〈中华人民共和国民事诉讼法〉若干问题的意见》中规定:中国公民一方居住在国外,一方居住在国内,不论哪一方向人民法院提起离婚诉讼,国内一方住所地的人民法院都有权管辖。如国外一方在居住国法院起诉,国内一方向人民法院起诉的,受诉人民法院有权管辖。

像案例中那样,若在国外的一方无法回来,则他可以委托在国内的亲友或者是找中国律师代为出庭应诉。律师需要经过公正授权后,才有权依据离婚意见书中的内容代为出庭,陈述事实,发表代理意见或答辩意见,领取法律文书。

### 3.丈夫是外国人,妻子在国内如何办理离婚

**案例**

迈克尔·乔是澳大利亚的一名商人,在来中国谈生意的过程中,结识了中国姑娘武未然并迅速与之结成了夫妻。然而在相处过程中两人由于价值观和生活习惯不同,产生了很多摩擦,争吵不断升级,爱情已然不在。迈克尔·乔于是收拾行李回到了澳大利亚,两人开始冷战。两年后,武未然无法忍受名存实亡的婚姻,向本地法院提出了诉讼,要求离婚。法院接受了诉讼请求,并通过邮寄信件等多种方式通知迈克尔·乔,送达了应诉通知等材料。但是在开庭当日,迈克尔·乔并未到庭。法院又给他寄了封电子邮件,迈克尔·乔很快回复了邮件,并寄回了送达回证。由于邮件是用英文书写,不能作为凭证,所以法院再次发送邮件,要求他写一份书面答辩状,通过中国驻加拿大领事馆认证后寄回法院。但是迈克尔·乔答复说,自己所在地并无中国领事馆。法院于是要求他将身份证件连同答辩状一起寄到中国。

相关材料寄到中国后,法院根据原告、被告双方愿意离婚

的意愿,判决二人离婚。判决 30 日后,法院向迈克尔·乔发送了该判决有效的证明材料。

**案例分析**

涉外的离婚案件,只要一方在中国境内居住,不管对居住在中国境内的或境外的被告提起离婚,中国法院都有管辖权。居住在中国境内的配偶方,无论是对居住在中国境外的外国人,还是居住在外国的中国籍公民,提出离婚诉讼都由原告驻地或经常居住地的中国法院受理,审理时,均使用我国《婚姻法》及相关司法解释。

中国公民和外国人在中国境内办理离婚的,应按中国《民事诉讼法》的有关规定,向有管辖权的人民法院提出离婚,并适用中国法律。案例中两人在中国登记结婚,其婚姻缔结地是中国,且武未然是中国人,住在中国。她作为原告提起离婚诉讼,根据我国上述法律规定,其住所地法院具有管辖权,并使用中国法律审理该案。

涉外离婚诉讼的文书如何送达较为复杂,在法律法规中有特别的规定,下文就从几个方面集中阐述这方面的问题。

如果涉外当事人都在国内,则文书送达方式同国内居民离婚的文书送达方式,即直接送达、邮寄送达、留置送达、委托送达和公告送达。

如果一方在国外,在国内的一方知道其住址的,则可采取如下几种方式:①条约规定的方式送达。如果双方国家之间有国际条约或者双边互惠条约,那么就按照约定的方式送达。②外交送达。这个规定在于国家间没有互惠基础或者国际条约,那么通过国家的外交关系和外交规定,直接在国家间送达。③中国国籍的受送达人。委托驻外使领馆代为送达,也就是说如果中国国籍的人在外国居住,那么法律文书就可以通过我国驻外国使领馆代为送达。④向受送达人在中国领域内设立的代表机构或者有权机构、业务代办人送达。这点需注意,通过向业务代办人送达,需通过业务负责机构授权才可以。⑤邮寄送达。如果其他送达方式都不方便或未经对方同意的,那么可以采取邮寄送达,邮戳上的时间为送达日期。

如果一方在国外,在国内一方不知道其住址的,则只能公告送达。这是因为对于离婚身份的案件,被告不在国内的话,采取原告住所地法院管理的方法,如果不知道具体地址,只能公告。

由于涉外离婚案件比较复杂,它从不同的角度有不同的处理方式,因为大多数人更加了解国内结婚国内离婚的案件,所以这一块比较生疏。为了更好地去解决这样的问题,如果需要诉讼的话,建议找专门的律师进行咨询,从而保护自己的合法利益。

### 4.夫妻都是外国人,如何在中国办理离婚

**案例**

路易斯·刘和惠特灵·布朗是英国人,2002年在埃及结婚。在共同居住四年之后,即2006年,由于工作原因,惠特灵·布朗来到中国,一年之后,路易斯·刘也到了泰国工作。两人从此分居了五年。期间二人并未相互探访,感情逐渐淡薄直至破裂。二人决定离婚。惠特灵·布朗由于工作原因,短时期内无法出国回埃及,只得于2012年在中国工作所在地四川的法院提出离婚诉讼。法院认为,原告在中国已经居住了五年多,根据我国法律以及相关司法解释的规定,我国法院对惠特灵·布朗的离婚诉讼有管辖权。经过合法传唤,路易斯·刘亦到庭应诉,并同意离婚。法院针对双方的意思表示,判原告、被告双方离婚。

**案例分析**

外国人是否可以在中国提出提婚的诉讼,主要看当事人是否至少有一位居住在中国。本案中,路易斯·刘虽然和惠特灵·布朗在埃及结婚,且两人都是英国人,但他在中国居住已经有五年。按照我国的法律规定,四川法院有管辖权,可以受理路易斯·刘的诉讼。

### 5.涉外婚姻中的权益维护和保障

**案例**

张某在十八岁时与一美籍男子托马斯(十九岁)谈恋爱,双方均有结婚的意思。但根据我国《婚姻法》的规定,张某未达到

法定婚龄,两人遂去托马斯的家乡美国加州根据当地法律办理了结婚手续,蜜月旅行后回中国工作生活。一年以后,托马斯以双方结婚时未达到我国的法定婚龄为由,向法院诉请,要求确认其结婚无效。法院应如何处理?

**案例分析**

《民法通则》第一百四十七条:"中华人民共和国公民和外国人结婚适用婚姻缔结地法律。"最高人民法院《民法通则司法解释》第一百八十八条:我国法院受理的涉外离婚案件,离婚以及因离婚而引起的财产分割,适用我国法律。认定其婚姻是否有效,适用婚姻缔结地法律。

本案中,当事人在美国加州根据当地法律办理了结婚手续。按照我国法律"中国公民向外国人结婚适用婚姻缔结地法律"之规定,两人在美国的结婚有效,双方之间形成夫妻间的权利和义务关系。

# 六、同性恋婚姻权利、义务及保障

同性恋和变性人是两个极为特殊的群体。同性恋指的是一个人在性爱、心理、情感上的兴趣主要对象均为同性别的人,无论这样的兴趣是否从外显行为中表露出来,那些与同性产生爱情、性欲或恋慕的人被称为同性恋者。

虽然在大多数中国人心中,同性恋仍旧违背常理存在,不能被接受,关于同性恋的话题也总是避而不谈。但是回避不等于不存在。2006年11月30日,我国政府卫生部门首次公布了处于性活跃期的中国男性同性恋者的估算数据——500万至1000万。而据长期致力于同性恋问题研究的青岛大学教授张北川估计,目前,我国十五岁至六十岁的同性恋人数约为3000万,其中男同性恋和双性恋为2000万,女同性恋为1000万。当然也有部分同性恋是临时性的,会转为异性恋。但3000万是一个庞大的数字,不容忽视,自古就存在的同性恋已经渗透到中国的各个角落。

中国现在的舆论环境较之前宽容了许多,同性恋人群的自我意识也逐渐觉醒。很多同性恋者不顾世人眼光,勇敢"出柜",向世界宣布自己是同性恋,甚至有些还拍了婚纱照,办了婚礼,像夫妻一样生活。

根据现行法律,同性恋不违反中国法律,同性恋者是具有各项权利的中华人民共和国公民。同性恋者当中有人有结婚的要求,他们的要求与他们作为公民的权利没有冲突,应该得到承认。但实际上,关于同性婚姻法律的保障,在我国是空白的。那么同性恋者应如何维护自身的婚姻权益?

## (一)同性恋可以结婚吗

### 案例

王晓琳和秋实是一个村的村民。刚入中学时,由于二人性格相投,很快成为形影不离的朋友。初中毕业后,二人一起外出打工,在相处过程中,秋实发现王晓琳对自己特别照顾,这种照顾甚至有些过分了。经过思想沟通,王晓琳坦诚自己是同性恋。而实际上秋实在和王晓琳的相处过程中也有一些不一样的感觉。二人于是结为情侣。虽然遭到村民们异样的眼光,但是他们坚持了下来。后来,二人做了一个大胆的决定,准备结婚。婚礼办得很热闹。双方的父母虽然不赞成,但迫于无奈也还是参加了婚礼。然而,他们也向孩子们提出了质疑:《婚姻法》中规定,结婚双方是一男一女,你俩都是男的,能得到法律的保护吗?

### 案例分析

王晓琳和秋实的勇敢令人佩服,然而他们是无法登记结婚的。因为我国《婚姻法》尚没有涉及同性之间的婚姻。他俩按中国传统举行结婚仪式,也只是表达了同性恋者想以夫妻名义共同生活的愿望,但由于不符合我国《婚姻法》规定的男女结婚的法定要件,这样的愿望就不可能得到《婚姻法》的特别保护,婚内发生的一些行为也不受法律保护,也就是说王晓琳和秋实在一起只是同居关系。

虽然不是法律上的夫妻,但是实际上王晓琳和秋实是分担着夫妻的角色的。既然他们的婚姻无法受《婚姻法》的保护，那么又能如何保障两人的合法权益？实际上，两人可以按照《合同法》上的条文签署协议。如两人在共同生活时，最好能对财产的归属早做约定，包括土地收益、工资、股票收入、知识产权收益、继承、受赠财产等。万一两人无法再共同生活，决定分道扬镳，也可以按照《合同法》依法进行财产分割。

## (二)发现丈夫是同性恋，可以此为由离婚吗

### 案例

妻子王娇最近发现了丈夫魏海生一个天大的秘密。自打结婚以后，王娇发现自己的丈夫有很多奇怪的地方。比如经常偷偷上网，离开时还把浏览记录删除；有时候会忽然联系不到，而据魏海生自己说是去处理工作上的事情；更有甚者，他们几乎没有夫妻生活。王娇怀疑丈夫有可能在外面有了"小相好"。但丈夫的体贴和关怀又让她觉得自己太多疑了。婚后第二年的一天，王娇用丈夫的手机上网，无意间登了魏海生的微博。微博上都是关于同性恋话题的转载。王娇一下明白了，原来自己的丈夫是一名同性恋。

原来，在少年时期魏海生就只喜欢同性，并且同一位男性孙宗保持多年的情侣关系。虽然如此，他却没有勇气告诉父母和身边的人自己是同性恋。孙宗也只被别人认为是他的好朋友。大学毕业后，父母开始着急他的婚事，频频地帮他安排相亲。魏海生害怕父母失望，只得和相亲认识的印象还不错的王娇发展关系。两人很快便结为夫妻。

经过沟通，魏海生承认现在和孙宗依然保持着联系。王娇无法忍受，决定和魏海生离婚，但是魏海生不愿意。王娇无奈，只得向法院提出诉状，要求离婚。

法院经审理认为，夫妻相互之间的感情理应珍惜。被告与其他男性长期保持不正当的关系，给原告的身心造成了极大的伤害，夫妻之间的感情确已破裂，故法院支持原告，判决离婚。

**案例分析**

根据《婚姻法》第三十二条规定,男女一方要求离婚的,可由有关部门进行调解或直接向人民法院提出离婚诉讼。人民法院审理离婚案件,应当进行调解;如感情确已破裂,调解无效,应准予离婚。虽然第三十二条第三款中规定了认定夫妻感情确已破裂的五种情形,但是,实际情况千变万化,极其复杂,法律条文不可能都恰好将其囊括。因此,在处理离婚案件时,法院会根据婚前基础、婚后感情、离婚原因、夫妻关系的现状与有无和好可能等方面综合分析,根据《婚姻法》的有关规定和审判实践经验予以判定。

本案中,魏海生与另一位男性孙宗发生同性恋关系,这种发生在同性之间的关系,虽然《婚姻法》并未将这种情况囊括进去,但是实际上,从婚姻中夫妻之间的性义务角度来看,魏海生的这种行为已经严重地伤害了配偶的感情。魏海生结婚,可以说是"奉父母之命",且魏海生从和王娇认识到婚后两年之间,和孙宗之间的关系还一直在维持着。实际上,他与王娇已不存在夫妻感情。因此,法院判决离婚。

近些年同性恋骗婚的现象逐渐为人们所关注。究其根源,还是在中国对同性恋蔑视甚至是无视这样一个大环境中,同性恋群体为了保护自身不被人们发现而伪装成异性恋者,从而酿成的悲剧。对于一个同性恋者来说,同一名异性恋者结婚未尝不痛苦。但是社会氛围使得他们不得不以一种伤人伤己的行为来掩饰自己的性取向。这种行为虽然可以让人理解,但对于结婚对象的伤害是极大的。对于异性恋者来说,在结婚之前则要留一个心眼了。

# 第 六 章

## 法律援助

法律援助是国家建立的保障经济困难公民和特殊案件当事人获得必要的法律咨询、代理、刑事辩护等无偿法律服务,维护当事人合法权益、维护法律正确实施、维护社会公平正义的一项重要法律制度。法律援助人员,是指根据法律、法规和规定实施法律援助的律师、基层法律服务工作者;受援人,是指获得法律援助的当事人。

## 一、法律援助条例

2003 年 7 月 16 日国务院第十五次常务会议通过《法律援助条例》,自 2003 年 9 月 1 日起施行。2015 年 6 月,中共中央办公厅、国务院办公厅印发了《关于完善法律援助制度的意见》,为法律援助提供了新的法律依据。

意见要求,各省(自治区、直辖市)要在《法律援助条例》规定的经济困难公民请求国家赔偿,给予社会保险待遇或者最低生活保障待遇,发给抚恤金、救济金,给付赡养费、抚养费、扶养费,支付劳动报酬等法律援助范围的基础上,逐步将涉及劳动保障、婚姻家庭、食品药品、教育医疗等与民生紧密相关的事项纳入法律援助补充事项范围,帮助困难群众运用法律手段解决基本生产生活方面的问题。

## 二、法律援助范围

(1)公民对下列需要代理的事项,因经济困难没有委托代理人的,可以向法律援助机构申请法律援助。

①依法请求国家赔偿的。

②请求给予社会保险待遇或者最低生活保障待遇的。

③请求发给抚恤金、救济金的。

④请求给付赡养费、抚养费、扶养费的。

⑤请求支付劳动报酬的。

⑥主张因见义勇为行为产生的民事权益的。

(2)刑事诉讼中有下列情形之一的,公民可以向法律援助机构申请

法律援助。

①犯罪嫌疑人在被侦查机关第一次讯问后或者采取强制措施之日起,因经济困难没有聘请律师的。

②公诉案件中的被害人及其法定代理人或者近亲属,自案件移送审查起诉之日起,因经济困难没有委托诉讼代理人的。

③自诉案件的自诉人及其法定代理人,自案件被人民法院受理之日起,因经济困难没有委托诉讼代理人的。

(3)公诉人出庭公诉的案件,被告人因经济困难或者其他原因没有委托辩护人,人民法院为被告人指定辩护时,法律援助机构应当提供法律援助。

被告人是盲、聋、哑人或者未成年人而没有委托辩护人的,或者被告人可能被判处死刑而没有委托辩护人的,人民法院为被告人指定辩护时,法律援助机构应当提供法律援助,无须对被告人进行经济状况的审查。

## 三、法律援助机构

法律援助机构是负责受理、审查法律援助申请,指派或者安排人员为符合《法律援助条例》规定的公民提供法律、司法方面帮助的部门、机关,或者说是负责组织、指导、协调、监督及实施本地区法律援助工作的机构。通常统称为"法律援助中心"。

法律援助机构是由直辖市、设区的市或者县级人民政府司法行政部门根据需要在本行政区域内确定的。暂未设立法律援助中心的区县,由各区县司法局指定职能部门代行法律援助中心职责。

法律援助中心职责:

①贯彻执行国务院《法律援助条例》和各地法律援助条例。

②组织、指导、协调本辖区的法律援助工作,受理、审查和批准法律援助申请。

③指派律师、基层法律服务工作者、法律援助志愿者等办理法律援助事务。

④开展法律援助宣传活动。

⑤管理法律援助业务档案。

⑥开展法律、法规规定的其他法律援助工作。

# 四、法律援助申请和审查

## 1.申请法律援助相应规定

①请求国家赔偿的,向赔偿义务机关所在地的法律援助机构提出申请。

②请求给予社会保险待遇、最低生活保障待遇或者请求发给抚恤金、救济金的,向提供社会保险待遇、最低生活保障待遇或者发给抚恤金、救济金的义务机关所在地的法律援助机构提出申请。

③请求给付赡养费、抚养费、扶养费的,向给付赡养费、抚养费、扶养费的义务人住所地的法律援助机构提出申请。

④请求支付劳动报酬的,向支付劳动报酬的义务人住所地的法律援助机构提出申请。

⑤主张因见义勇为行为产生的民事权益的,向被请求人住所地的法律援助机构提出申请。

## 2.法律援助申请机构

申请法律援助,应当向审理案件的人民法院所在地的法律援助机构提出申请。被羁押的犯罪嫌疑人的申请由看守所在 24 小时内转交法律援助机构,申请法律援助所需提交的有关证件、证明材料由看守所通知申请人的法定代理人或者近亲属协助提供。

## 3.法定代理人申请情形

申请人为无民事行为能力人或者限制民事行为能力人的,由其法定代理人代为提出申请。无民事行为能力人或者限制民事行为能力人与其法定代理人之间发生诉讼或者因其他利益纠纷需要法律援助的,由与该争议事项无利害关系的其他法定代理人代为提出申请。

## 4.公民申请代理、刑事辩护的法律援助所需材料

公民申请代理、刑事辩护的法律援助应当提交下列证件、证明材料:

①身份证或者其他有效的身份证明,代理申请人还应当提交有代理权的证明。

②经济困难的证明。

③与所申请法律援助事项有关的案件材料。

申请应当采用书面形式,填写申请表;以书面形式提出申请确有困难的,可以口头申请,由法律援助机构工作人员或者代为转交申请的有关机构工作人员做书面记录。

**案例**

## 医疗事故损害:法律援助为八龄童讨回公道

殷某某,利津县北宋镇单家村人,现年八岁。2005年2月26日,殷某某因颈部长了一个肿块,父母带他来到了本地区有名的医院——滨州某医院治疗。但令殷某某和他父母没有想到的是,厄运从此降临到这个只有八岁的天真活泼的孩子身上。

该院的医生对殷某某的病情诊断后,为其做了甲状舌管囊肿切除术。但手术后出院不久,殷某某便出现全身水肿、怕冷、乏力等明显症状,其父母遂带殷某某到胜利油田中心医院及滨州某医院进行检查。经检查后得知,殷某某的甲状腺被完全切除,致使殷某某甲状腺永久性缺失。众所周知,甲状腺是人体重要的内分泌器官,它分泌的甲状腺素对人体特别是对生长发育阶段的未成年人非常重要,甲状腺素缺乏或过高均会对人身产生严重影响。

殷某某的甲状腺切除就意味着这个刚刚八岁的孩子将要终身服用替代药物,并且要定期抽血化验,检查身体。殷某某的父母不明白,为什么滨州某医院给孩子做的这样一个小手术,却给孩子带来如此巨大的伤害。此后,他们多次来到滨州某医院讨说法,但遭到院方拒绝。

无奈之下,他们想到向法院起诉,讨个公道。但经过咨询后,他们对高额的诉讼费用和律师代理费犯了愁。殷某某的父母均是利津县农民，家庭生活十分困难。殷某某因为身体和精神的双重打击，以前活泼可爱的他变得整天无精打采、沉默不语。看到孩子再也没有了平时的笑脸，想到打官司的巨额费用，殷某某的父母几近绝望。

走投无路之下，殷某某父亲听说法律援助中心能帮助免费打官司，于是抱着试试看的心理，来到利津县法律援助中心。利津县法律援助中心热情地接待了他，了解到他的情况后，利津县法律援助中心工作人员和领导非常重视。在按规定审查了他的相关材料后决定给予法律援助，并很快办妥了相关手续，指派山东诚正勤律师事务所承办该案。山东诚正勤律师事务所接受指派后，安排具有办理医疗事故纠纷案件经验的王希国、宋凯两位律师办理该案件。两位律师接受援助任务后，立即着手开展工作，认真收集案件材料，查阅具体法律规定，起草诉状。两位律师多次到殷某某家中了解情况，针对殷江山的家庭困难情况，两位律师主动与法院进行沟通协调，使人民法院为殷某某缓免了诉讼费用，使案件得以顺利立案。

在接下来的法庭审理过程中，作为被告的滨州某医院拒不认可他们在为殷某某治疗过程中存在过失，并且答辩称："原告对本身的病情认识有误；原告对治疗认识有误；原告所患疾病罕见，临床诊断非常困难；原告甲状腺功能低下是本身疾病决定的。"针对被告的答辩，两位律师查阅了大量的医学方面的书籍，并详细了解了近几年中一些医疗事故方面的典型案例。

同时，两位律师多方咨询医学方面的专家，认为被告的答辩理由不能成立。两位律师又多方咨询，深入细致地做当事人的工作，主动联系鉴定机构。事实证明，滨州某医院的理由完全不成立，山东省医学会于 2006 年 1 月 12 日对滨州某医院在对殷某某的治疗过程中是否存在过失作出鉴定，认定"其存在医疗过失，其医疗过失与殷某某甲状腺功能缺失存在因果关系"，并同时认定"殷某某构成四级伤残"。

在权威部门的鉴定面前，该医院不得不承认其存在过失，但又称原告的损伤与其本身疾病罕见性有关，医院只能承担部

分责任,同时又提出原告后续治疗费用不合理等理由。由于被告滨州某医院多方答辩,推卸责任,加上找不到后续治疗费用的鉴定机构,该案中止审理。

案件陷入僵局,原告殷某某的家人情绪发生了波动,其家人准备通过上访来得到一个公正的解决方案,并且殷某某的亲属数十人试图通过直接与医院方交涉来解决问题,这样势必会影响被告方的正常工作,从而造成恶劣的社会影响。针对这种情况,两位律师及时与原告殷某某的家人亲属沟通交流,深入细致地向当事人讲解相关法律知识,稳定当事人的情绪。对于原告所面临的实际困难,两位律师与有关部门协调,帮助他们暂时渡过难关。通过两位律师的大量艰苦工作,避免了原被告之间矛盾的激化。之后,两位律师进一步研究案情,向法院提出自己的代理意见,阐述观点。法院又多次组织庭下调解,但双方调解没有取得一致意见。

2007年7月20日,通过两位律师的努力,法院再次开庭审理。经过充分细致的准备,在庭审中,两位律师依据事实和法律,充分证实并阐述了原告的观点。在事实面前,被告最终也认识到自己在此次医疗事故中给原告造成的巨大伤害。法院作出了一审判决,判决被告滨州某医院承担全部赔偿责任,赔偿原告殷某某治疗费等各项损失22万余元、精神抚慰金1.5万元。至此,这件从立案到一审判决长达两年之久的案件总算有了一个了结。

在这场两年之久的案件中,两位律师对案件认真负责、一丝不苟,在法庭上据理力争,最大限度地维护当事人的合法权益。办案过程中,不但没有收取当事人任何材料和交通费用,而且还自己负担了相关通讯费、材料复印费。案件办理过程中,法律援助中心领导也非常重视,及时给予指导,协调相关部门,为案件正确办理起到了重要的指导作用。在各方的共同努力下,本案圆满结束,八龄儿童的合法权益得到了维护。

## 人身损害:法律援助为七旬老人讨回公道

2007年1月6日,一位步履蹒跚的老人走进了法律援助中心的大门,向工作人员哭诉了发生在他身上的事情。

原来,这位老人叫李某某,现年七十六岁,是利津县利津镇某村一位无儿无女的孤寡老人。因年老体弱无生活来源,村里每年补贴1600元安排老人看守村里的灵堂。老人过着平静的生活。然而天有不测风云,一件突发的抢劫、故意伤人案改变了老人的生活。2006年9月6日凌晨四时许,犯罪嫌疑人吴甲、吴乙、张某等人蒙面、手持铁棍来到李某某看守的灵堂,强行撞门而入,将李某某打至昏死过去并抢走手机一部、现金1000元。直至凌晨六时多,老人才从昏迷中清醒过来。一位路过的好心人拨打110报警并帮助拨打120急救车送老人到医院抢救。

李某某经该县中心医院诊断为轻型颅脑损伤、右侧颧骨骨折、左侧第六肋骨骨折、右手掌第五掌骨骨折。李某某因经济困难,住院十一天后被迫出院回家治疗,出院时仍不敢下床活动。医生要求李某某休息治疗三个月。住院期间共花费住院费4000余元。并且该事件发生后,村里将灵堂撤销,使李某某失去今后生活来源。

法网恢恢,疏而不漏。2006年9月13日,犯罪嫌疑人吴甲、吴乙、张某等人被抓获。2007年1月5日,利津县人民检察院对李某某送达了《委托诉讼代理人告知书》,告知李某某有权委托诉讼代理人并有权提起附带民事诉讼。李某某接到告知书却犯了难,一个七旬老人又不懂法律,官司可怎么打呀?在村法律援助联络员的指引下,李某某向法律援助中心求助。李某某无固定经济收入,依靠低保生活,生活困难,符合援助条件。为维护老年人的合法权益,利津县法律援助中心当即决定给予援助,并指派擅长人身损害案件的利城法律服务所的李学良律师承办此案。

　　李学良接受委托后,立即会见了李某某并对本案情况进行了深入细致的了解,为李某某书写了附带民事起诉状和缓交诉讼费申请书,依法提起了赔偿诉讼。由于距离案发时间已半年有余,老人又无保存证据的意识,为取证工作带来相当大的难度。李学良多次前往公安局、检察院、医院等部门调取相关证据。经过细致的工作,他终于掌握了第一手资料,为开庭做了充分的准备。

　　庭审过程中,李学良据理力争为老人提出赔偿要求,共出示各项证据30余份计50余页。被告人在强大的法律攻势下,认识到了自身的错误,并积极要求赔偿。该案的民事部分经利津县人民法院调解,三被告支付李某某老人各项损失共计人民币7000元。本案圆满结束,老年人的合法权益得到了维护。

# 附　　录

附录一

# 中华人民共和国婚姻法

## 第一章　总　则

**第一条**　本法是婚姻家庭关系的基本准则。

**第二条**　实行婚姻自由、一夫一妻、男女平等的婚姻制度。

保护妇女、儿童和老人的合法权益。

实行计划生育。

**第三条**　禁止包办、买卖婚姻和其他干涉婚姻自由的行为。禁止借婚姻索取财物。

禁止重婚。禁止有配偶者与他人同居。禁止家庭暴力。禁止家庭成员间的虐待和遗弃。

**第四条**　夫妻应当互相忠实，互相尊重；家庭成员间应当敬老爱幼，互相帮助，维护平等、和睦、文明的婚姻家庭关系。

## 第二章　结　婚

**第五条**　结婚必须男女双方完全自愿，不许任何一方对他方加以强迫或任何第三者加以干涉。

**第六条**　结婚年龄，男不得早于二十二周岁，女不得早于二十周岁。晚婚晚育应予鼓励。

**第七条**　有下列情形之一的，禁止结婚：

（一）直系血亲和三代以内的旁系血亲；

(二)患有医学上认为不应当结婚的疾病。

第八条 要求结婚的男女双方必须亲自到婚姻登记机关进行结婚登记。符合本法规定的,予以登记,发给结婚证。取得结婚证,即确立夫妻关系。未办理结婚登记的,应当补办登记。

第九条 登记结婚后,根据男女双方约定,女方可以成为男方家庭的成员,男方可以成为女方家庭的成员。

第十条 有下列情形之一的,婚姻无效:

(一)重婚的;

(二)有禁止结婚的亲属关系的;

(三)婚前患有医学上认为不应当结婚的疾病,婚后尚未治愈的;

(四)未到法定婚龄的。

第十一条 因胁迫结婚的,受胁迫的一方可以向婚姻登记机关或人民法院请求撤销该婚姻。受胁迫的一方撤销婚姻的请求,应当自结婚登记之日起一年内提出。被非法限制人身自由的当事人请求撤销婚姻的,应当自恢复人身自由之日起一年内提出。

第十二条 无效或被撤销的婚姻,自始无效。当事人不具有夫妻的权利和义务。同居期间所得的财产,由当事人协议处理;协议不成时,由人民法院根据照顾无过错方的原则判决。对重婚导致的婚姻无效的财产处理,不得侵害合法婚姻当事人的财产权益。当事人所生的子女,适用本法有关父母子女的规定。

# 第三章　家庭关系

第十三条 夫妻在家庭中地位平等。

第十四条 夫妻双方都有各用自己姓名的权利。

第十五条 夫妻双方都有参加生产、工作、学习和社会活动的自由,一方不得对他方加以限制或干涉。

第十六条 夫妻双方都有实行计划生育的义务。

第十七条 夫妻在婚姻关系存续期间所得的下列财产,归夫妻共同所有:

(一)工资、奖金;

（二）生产、经营的收益；

（三）知识产权的收益；

（四）继承或赠予所得的财产，但本法第十八条第三项规定的除外；

（五）其他应当归共同所有的财产。

夫妻对共同所有的财产，有平等的处理权。

**第十八条**　有下列情形之一的，为夫妻一方的财产：

（一）一方的婚前财产；

（二）一方因身体受到伤害获得的医疗费、残疾人生活补助费等费用；

（三）遗嘱或赠予合同中确定只归夫或妻一方的财产；

（四）一方专用的生活用品；

（五）其他应当归一方的财产。

**第十九条**　夫妻可以约定婚姻关系存续期间所得的财产以及婚前财产归各自所有、共同所有或部分各自所有、部分共同所有。约定应当采用书面形式。没有约定或约定不明确的，适用本法第十七条、第十八条的规定。

夫妻对婚姻关系存续期间所得的财产以及婚前财产的约定，对双方具有约束力。

夫妻对婚姻关系存续期间所得的财产约定归各自所有的，夫或妻一方对外所负的债务，第三人知道该约定的，以夫或妻一方所有的财产清偿。

**第二十条**　夫妻有互相扶养的义务。

一方不履行扶养义务时，需要扶养的一方，有要求对方付给扶养费的权利。

**第二十一条**　父母对子女有抚养教育的义务；子女对父母有赡养扶助的义务。

父母不履行抚养义务时，未成年的或不能独立生活的子女，有要求父母付给抚养费的权利。

子女不履行赡养义务时，无劳动能力的或生活困难的父母，有要求子女付给赡养费的权利。

禁止溺婴、弃婴和其他残害婴儿的行为。

第二十二条　子女可以随父姓，可以随母姓。

第二十三条　父母有保护和教育未成年子女的权利和义务。在未成年子女对国家、集体或他人造成损害时，父母有承担民事责任的义务。

第二十四条　夫妻有相互继承遗产的权利。

父母和子女有相互继承遗产的权利。

第二十五条　非婚生子女享有与婚生子女同等的权利，任何人不得加以危害和歧视。

不直接抚养非婚生子女的生父或生母，应当负担子女的生活费和教育费，直至子女能独立生活为止。

第二十六条　国家保护合法的收养关系。养父母和养子女间的权利和义务，适用本法对父母子女关系的有关规定。

养子女和生父母间的权利和义务，因收养关系的成立而消除。

第二十七条　继父母与继子女间，不得虐待或歧视。

继父或继母和受其抚养教育的继子女间的权利和义务，适用本法对父母子女关系的有关规定。

第二十八条　有负担能力的祖父母、外祖父母，对于父母已经死亡或父母无力抚养的未成年的孙子女、外孙子女，有抚养的义务。有负担能力的孙子女、外孙子女，对于子女已经死亡或子女无力赡养的祖父母、外祖父母，有赡养的义务。

第二十九条　有负担能力的兄、姐，对于父母已经死亡或父母无力抚养的未成年的弟、妹，有扶养的义务。由兄、姐扶养长大的有负担能力的弟、妹，对于缺乏劳动能力又缺乏生活来源的兄、姐，有扶养的义务。

第三十条　子女应当尊重父母的婚姻权利，不得干涉父母再婚以及婚后的生活。子女对父母的赡养义务，不因父母的婚姻关系变化而终止。

# 第四章　离　婚

第三十一条　男女双方自愿离婚的，准予离婚。双方必须到婚姻登记机关申请离婚。婚姻登记机关查明双方确实是自愿并对子女和财产问题已有适当处理时，发给离婚证。

第三十二条　男女一方要求离婚的,可由有关部门进行调解或直接向人民法院提出离婚诉讼。

人民法院审理离婚案件,应当进行调解;如感情确已破裂,调解无效,应准予离婚。

有下列情形之一,调解无效的,应准予离婚:

(一)重婚或有配偶者与他人同居的;

(二)实施家庭暴力或虐待、遗弃家庭成员的;

(三)有赌博、吸毒等恶习屡教不改的;

(四)因感情不和分居满二年的;

(五)其他导致夫妻感情破裂的情形。

一方被宣告失踪,另一方提出离婚诉讼的,应准予离婚。

第三十三条　现役军人的配偶要求离婚,须得军人同意,但军人一方有重大过错的除外。

第三十四条　女方在怀孕期间、分娩后一年内或中止妊娠后六个月内,男方不得提出离婚。女方提出离婚的,或人民法院认为确有必要受理男方离婚请求的,不在此限。

第三十五条　离婚后,男女双方自愿恢复夫妻关系的,必须到婚姻登记机关进行复婚登记。

第三十六条　父母与子女间的关系,不因父母离婚而消除。离婚后,子女无论由父或母直接抚养,仍是父母双方的子女。

离婚后,父母对于子女仍有抚养和教育的权利和义务。

离婚后,哺乳期内的子女,以随哺乳的母亲抚养为原则。哺乳期后的子女,如双方因抚养问题发生争执不能达成协议时,由人民法院根据子女的权益和双方的具体情况判决。

第三十七条　离婚后,一方抚养的子女,另一方应负担必要的生活费和教育费的一部或全部。负担费用的多少和期限的长短,由双方协议;协议不成时,由人民法院判决。

关于子女生活费和教育费的协议或判决,不妨碍子女在必要时向父母任何一方提出超过协议或判决原定数额的合理要求。

第三十八条　离婚后,不直接抚养子女的父或母,有探望子女的权利,另一方有协助的义务。

行使探望权利的方式、时间由当事人协议;协议不成时,由人民法院判决。

父或母探望子女,不利于子女身心健康的,由人民法院依法中止探望的权利;中止的事由消失后,应当恢复探望的权利。

第三十九条 离婚时,夫妻的共同财产由双方协议处理;协议不成时,由人民法院根据财产的具体情况,照顾子女和女方权益的原则判决。

夫或妻在家庭土地承包经营中享有的权益等,应当依法予以保护。

第四十条 夫妻书面约定婚姻关系存续期间所得的财产归各自所有,一方因抚育子女、照料老人、协助另一方工作等付出较多义务的,离婚时有权向另一方请求补偿,另一方应当予以补偿。

第四十一条 离婚时,原为夫妻共同生活所负的债务,应当共同偿还。共同财产不足清偿的,或财产归各自所有的,由双方协议清偿;协议不成时,由人民法院判决。

第四十二条 离婚时,如一方生活困难,另一方应从其住房等个人财产中给予适当帮助。具体办法由双方协议;协议不成时,由人民法院判决。

# 第五章 救助措施与法律责任

第四十三条 实施家庭暴力或虐待家庭成员,受害人有权提出请求,居民委员会、村民委员会以及所在单位应当予以劝阻、调解。

对正在实施的家庭暴力,受害人有权提出请求,居民委员会、村民委员会应当予以劝阻;公安机关应当予以制止。

实施家庭暴力或虐待家庭成员,受害人提出请求的,公安机关应当依照治安管理处罚的法律规定予以行政处罚。

第四十四条 对遗弃家庭成员,受害人有权提出请求,居民委员会、村民委员会以及所在单位应当予以劝阻、调解。

对遗弃家庭成员,受害人提出请求的,人民法院应当依法作出支付扶养费、抚养费、赡养费的判决。

第四十五条 对重婚的,对实施家庭暴力或虐待、遗弃家庭成员构成犯罪的,依法追究刑事责任。受害人可以依照刑事诉讼法的有关规定,向人民法院自诉;公安机关应当依法侦查,人民检察院应当依法提起公诉。

**第四十六条**　有下列情形之一,导致离婚的,无过错方有权请求损害赔偿:

(一)重婚的;

(二)有配偶者与他人同居的;

(三)实施家庭暴力的;

(四)虐待、遗弃家庭成员的。

**第四十七条**　离婚时,一方隐藏、转移、变卖、毁损夫妻共同财产,或伪造债务企图侵占另一方财产的,分割夫妻共同财产时,对隐藏、转移、变卖、毁损夫妻共同财产或伪造债务的一方,可以少分或不分。离婚后,另一方发现有上述行为的,可以向人民法院提起诉讼,请求再次分割夫妻共同财产。

人民法院对前款规定的妨害民事诉讼的行为,依照民事诉讼法的规定予以制裁。

**第四十八条**　对拒不执行有关扶养费、抚养费、赡养费、财产分割、遗产继承、探望子女等判决或裁定的,由人民法院依法强制执行。有关个人和单位应负协助执行的责任。

**第四十九条**　其他法律对有关婚姻家庭的违法行为和法律责任另有规定的,依照其规定。

# 第六章　附　则

**第五十条**　民族自治地方的人民代表大会有权结合当地民族婚姻家庭的具体情况,制定变通规定。自治州、自治县制定的变通规定,报省、自治区、直辖市人民代表大会常务委员会批准后生效。自治区制定的变通规定,报全国人民代表大会常务委员会批准后生效。

**第五十一条**　本法自1981年1月1日起施行。

1950年5月1日颁行的《中华人民共和国婚姻法》,自本法施行之日起废止。

农民婚姻家庭法律知识

附录二

# 中华人民共和国老年人权益保障法
## （节选）

## 第一章 总 则

第一条 为了保障老年人合法权益，发展老龄事业，弘扬中华民族敬老、养老、助老的美德，根据宪法，制定本法。

第二条 本法所称老年人是指六十周岁以上的公民。

第三条 国家保障老年人依法享有的权益。老年人有从国家和社会获得物质帮助的权利，有享受社会服务和社会优待的权利，有参与社会发展和共享发展成果的权利。禁止歧视、侮辱、虐待或者遗弃老年人。

第四条 积极应对人口老龄化是国家的一项长期战略任务。国家和社会应当采取措施，健全保障老年人权益的各项制度，逐步改善保障老年人生活、健康、安全以及参与社会发展的条件，实现老有所养、老有所医、老有所为、老有所学、老有所乐。

第五条 国家建立多层次的社会保障体系，逐步提高对老年人的保障水平。国家建立和完善以居家为基础、社区为依托、机构为支撑的社会养老服务体系。倡导全社会优待老年人。

第六条 各级人民政府应当将老龄事业纳入国民经济和社会发展规划，将老龄事业经费列入财政预算，建立稳定的经费保障机制，并鼓励社会各方面投入，使老龄事业与经济、社会协调发展。国务院制定国家老龄事业发展规划。县级以上地方人民政府根据国家老龄事业发展规划，制定本行政区域的老龄事业发展规划和年度计划。县级以上人民政府负责老龄工作的机构，负责组织、协调、指导、督促有关部门做好老年人权益保障工作。

第七条　保障老年人合法权益是全社会的共同责任。国家机关、社会团体、企业事业单位和其他组织应当按照各自职责,做好老年人权益保障工作。基层群众性自治组织和依法设立的老年人组织应当反映老年人的要求,维护老年人合法权益,为老年人服务。提倡、鼓励义务为老年人服务。

第八条　国家进行人口老龄化国情教育,增强全社会积极应对人口老龄化意识。全社会应当广泛开展敬老、养老、助老宣传教育活动,树立尊重、关心、帮助老年人的社会风尚。

青少年组织、学校和幼儿园应当对青少年和儿童进行敬老、养老、助老的道德教育和维护老年人合法权益的法制教育。广播、电影、电视、报刊、网络等应当反映老年人的生活,开展维护老年人合法权益的宣传,为老年人服务。

第九条　国家支持老龄科学研究,建立老年人状况统计调查和发布制度。

第十条　各级人民政府和有关部门对维护老年人合法权益和敬老、养老、助老成绩显著的组织、家庭或者个人,对参与社会发展做出突出贡献的老年人,按照国家有关规定给予表彰或者奖励。

第十一条　老年人应当遵纪守法,履行法律规定的义务。

第十二条　每年农历九月初九为老年节。

## 第二章　家庭赡养与扶养

第十三条　老年人养老以居家为基础,家庭成员应当尊重、关心和照料老年人。

第十四条　赡养人应当履行对老年人经济上供养、生活上照料和精神上慰藉的义务,照顾老年人的特殊需要。

赡养人是指老年人的子女以及其他依法负有赡养义务的人。

赡养人的配偶应当协助赡养人履行赡养义务。

第十五条　赡养人应当使患病的老年人及时得到治疗和护理;对经济困难的老年人,应当提供医疗费用。

对生活不能自理的老年人,赡养人应当承担照料责任;不能亲自照料的,可以按照老年人的意愿委托他人或者养老机构等照料。

第十六条　赡养人应当妥善安排老年人的住房,不得强迫老年人居住或者迁居条件低劣的房屋。

老年人自有的或者承租的住房,子女或者其他亲属不得侵占,不得擅自改变产权关系或者租赁关系。

老年人自有的住房,赡养人有维修的义务。

第十七条　赡养人有义务耕种或者委托他人耕种老年人承包的田地,照管或者委托他人照管老年人的林木和牲畜等,收益归老年人所有。

第十八条　家庭成员应当关心老年人的精神需求,不得忽视、冷落老年人。

与老年人分开居住的家庭成员,应当经常看望或者问候老年人。

用人单位应当按照国家有关规定保障赡养人探亲休假的权利。

第十九条　赡养人不得以放弃继承权或者其他理由,拒绝履行赡养义务。

赡养人不履行赡养义务,老年人有要求赡养人付给赡养费等权利。

赡养人不得要求老年人承担力不能及的劳动。

第二十条　经老年人同意,赡养人之间可以就履行赡养义务签订协议。赡养协议的内容不得违反法律的规定和老年人的意愿。

基层群众性自治组织、老年人组织或者赡养人所在单位监督协议的履行。

第二十一条　老年人的婚姻自由受法律保护。子女或者其他亲属不得干涉老年人离婚、再婚及婚后的生活。

赡养人的赡养义务不因老年人的婚姻关系变化而消除。

第二十二条　老年人对个人的财产,依法享有占有、使用、收益和处分的权利,子女或者其他亲属不得干涉,不得以窃取、骗取、强行索取等方式侵犯老年人的财产权益。

老年人有依法继承父母、配偶、子女或者其他亲属遗产的权利,有接受赠予的权利。子女或者其他亲属不得侵占、抢夺、转移、隐匿或者损毁应当由老年人继承或者接受赠予的财产。

老年人以遗嘱处分财产,应当依法为老年配偶保留必要的份额。

**第二十三条** 老年人与配偶有相互扶养的义务。

由兄、姐扶养的弟、妹成年后,有负担能力的,对年老无赡养人的兄、姐有扶养的义务。

**第二十四条** 赡养人、扶养人不履行赡养、扶养义务的,基层群众性自治组织、老年人组织或者赡养人、扶养人所在单位应当督促其履行。

**第二十五条** 禁止对老年人实施家庭暴力。

**第二十六条** 具备完全民事行为能力的老年人,可以在近亲属或者其他与自己关系密切、愿意承担监护责任的个人、组织中协商确定自己的监护人。监护人在老年人丧失或者部分丧失民事行为能力时,依法承担监护责任。

老年人未事先确定监护人的,其丧失或者部分丧失民事行为能力时,依照有关法律的规定确定监护人。

**第二十七条** 国家建立健全家庭养老支持政策,鼓励家庭成员与老年人共同生活或者就近居住,为老年人随配偶或者赡养人迁徙提供条件,为家庭成员照料老年人提供帮助。

附录三

# 中华人民共和国继承法
## （节选）

## 第一章　总　则

第一条　根据《中华人民共和国宪法》规定，为保护公民的私有财产的继承权，制定本法。

第二条　继承从被继承人死亡时开始。

第三条　遗产是公民死亡时遗留的个人合法财产，包括：

（一）公民的收入；

（二）公民的房屋、储蓄和生活用品；

（三）公民的林木、牲畜和家禽；

（四）公民的文物、图书资料；

（五）法律允许公民所有的生产资料；

（六）公民的著作权、专利权中的财产权利；

（七）公民的其他合法财产。

第四条　个人承包应得的个人收益，依照本法规定继承。个人承包，依照法律允许由继承人继续承包的，按照承包合同办理。

第五条　继承开始后，按照法定继承办理；有遗嘱的，按照遗嘱继承或者遗赠办理；有遗赠扶养协议的，按照协议办理。

第六条　无行为能力人的继承权、受遗赠权，由他的法定代理人代为行使。限制行为能力人的继承权、受遗赠权，由他的法定代理人代为行使，或者征得法定代理人同意后行使。

**第七条**　继承人有下列行为之一的,丧失继承权:

(一)故意杀害被继承人的;

(二)为争夺遗产而杀害其他继承人的;

(三)遗弃被继承人的,或者虐待被继承人情节严重的;

(四)伪造、篡改或者销毁遗嘱,情节严重的。

**第八条**　继承权纠纷提起诉讼的期限为二年,自继承人知道或者应当知道其权利被侵犯之日起计算。但是,自继承开始之日起超过二十年的,不得再提起诉讼。

# 第二章　法定继承

**第九条**　继承权男女平等。

**第十条**　遗产按照下列顺序继承:

第一顺序:配偶、子女、父母。

第二顺序:兄弟姐妹、祖父母、外祖父母。

继承开始后,由第一顺序继承人继承,第二顺序继承人不继承。没有第一顺序继承人继承的,由第二顺序继承人继承。

本法所说的子女,包括婚生子女、非婚生子女、养子女和有扶养关系的继子女。

本法所说的父母,包括生父母、养父母和有扶养关系的继父母。

本法所说的兄弟姐妹,包括同父母的兄弟姐妹、同父异母或者同母异父的兄弟姐妹、养兄弟姐妹、有扶养关系的继兄弟姐妹。

**第十一条**　被继承人的子女先于被继承人死亡的,由被继承人的子女的晚辈直系血亲代位继承。代位继承人一般只能继承他的父亲或者母亲有权继承的遗产份额。

**第十二条**　丧偶儿媳对公、婆,丧偶女婿对岳父、岳母,尽了主要赡养义务的,作为第一顺序继承人。

**第十三条**　同一顺序继承人继承遗产的份额,一般应当均等。

对生活有特殊困难的缺乏劳动能力的继承人,分配遗产时,应当予以照顾。

对被继承人尽了主要扶养义务或者与被继承人共同生活的继承人,

分配遗产时,可以多分。

有扶养能力和有扶养条件的继承人,不尽扶养义务的,分配遗产时,应当不分或者少分。

继承人协商同意的,也可以不均等。

第十四条 对继承人以外的依靠被继承人扶养的缺乏劳动能力又没有生活来源的人,或者继承人以外的对被继承人扶养较多的人,可以分给他们适当的遗产。

第十五条 继承人应当本着互谅互让、和睦团结的精神,协商处理继承问题。遗产分割的时间、办法和份额,由继承人协商确定。协商不成的,可以由人民调解委员会调解或者向人民法院提起诉讼。

## 第三章 遗嘱继承和遗赠

第十六条 公民可以依照本法规定立遗嘱处分个人财产,并可以指定遗嘱执行人。

公民可以立遗嘱将个人财产指定由法定继承人的一人或者数人继承。

公民可以立遗嘱将个人财产赠给国家、集体或者法定继承人以外的人。

第十七条 公证遗嘱由遗嘱人经公证机关办理。

自书遗嘱由遗嘱人亲笔书写,签名,注明年、月、日。

代书遗嘱应当有两个以上见证人在场见证,由其中一人代书,注明年、月、日,并由代书人、其他见证人和遗嘱人签名。

以录音形式立的遗嘱,应当有两个以上见证人在场见证。

遗嘱人在危急情况下,可以立口头遗嘱。口头遗嘱应当有两个以上见证人在场见证。危急情况解除后,遗嘱人能够用书面或者录音形式立遗嘱的,所立的口头遗嘱无效。

第十八条 下列人员不能作为遗嘱见证人:

(一)无行为能力人、限制行为能力人;

(二)继承人、受遗赠人;

(三)与继承人、受遗赠人有利害关系的人。

第十九条　遗嘱应当对缺乏劳动能力又没有生活来源的继承人保留必要的遗产份额。

第二十条　遗嘱人可以撤销、变更自己所立的遗嘱。

立有数份遗嘱,内容相抵触的,以最后的遗嘱为准。

自书、代书、录音、口头遗嘱,不得撤销、变更公证遗嘱。

第二十一条　遗嘱继承或者遗赠附有义务的,继承人或者受遗赠人应当履行义务。没有正当理由不履行义务的,经有关单位或者个人请求,人民法院可以取消他接受遗产的权利。

第二十二条　无行为能力人或者限制行为能力人所立的遗嘱无效。

遗嘱必须表示遗嘱人的真实意思,受胁迫、欺骗所立的遗嘱无效。

伪造的遗嘱无效。

遗嘱被篡改的,篡改的内容无效。

# 第四章　遗产的处理

第二十三条　继承开始后,知道被继承人死亡的继承人应当及时通知其他继承人和遗嘱执行人。继承人中无人知道被继承人死亡或者知道被继承人死亡而不能通知的,由被继承人生前所在单位或者住所地的居民委员会、村民委员会负责通知。

第二十四条　存有遗产的人,应当妥善保管遗产,任何人不得侵吞或者争抢。

第二十五条　继承开始后,继承人放弃继承的,应当在遗产处理前,作出放弃继承的表示。没有表示的,视为接受继承。

受遗赠人应当在知道受遗赠后两个月内,作出接受或者放弃受赠的表示。到期没有表示的,视为放弃受遗赠。

第二十六条　夫妻在婚姻关系存续期间所得的共同所有的财产,除有约定的以外,如果分割遗产,应当先将共同所有的财产的一半分出为配偶所有,其余的为被继承人的遗产。

遗产在家庭共有财产之中的,遗产分割时,应当先分出他人的财产。

第二十七条　有下列情形之一的,遗产中的有关部分按照法定继承办理:

（一）遗嘱继承人放弃继承或者受遗赠人放弃受遗赠的；

（二）遗嘱继承人丧失继承权的；

（三）遗嘱继承人、受遗赠人先于遗嘱人死亡的；

（四）遗嘱无效部分所涉及的遗产；

（五）遗嘱未处分的遗产。

第二十八条　遗产分割时，应当保留胎儿的继承份额。胎儿出生时是死体的，保留的份额按照法定继承办理。

第二十九条　遗产分割应当有利于生产和生活需要，不损害遗产的效用。

不宜分割的遗产，可以采取折价、适当补偿或者共有等方法处理。

第三十条　夫妻一方死亡后另一方再婚的，有权处分所继承的财产，任何人不得干涉。

第三十一条　公民可以与扶养人签订遗赠扶养协议。按照协议，扶养人承担该公民生养死葬的义务，享有受遗赠的权利。

公民可以与集体所有制组织签订遗赠扶养协议。按照协议，集体所有制组织承担该公民生养死葬的义务，享有受遗赠的权利。

第三十二条　无人继承又无人受遗赠的遗产，归国家所有；死者生前是集体所有制组织成员的，归所在集体所有制组织所有。

第三十三条　继承遗产应当清偿被继承人依法应当缴纳的税款和债务，缴纳税款和清偿债务以他的遗产实际价值为限。超过遗产实际价值部分，继承人自愿偿还的不在此限。

继承人放弃继承的，对被继承人依法应当缴纳的税款和债务可以不负偿还责任。

第三十四条　执行遗赠不得妨碍清偿遗赠人依法应当缴纳的税款和债务。

**附录四**

# 最高人民法院《关于人民法院审理离婚案件如何认定夫妻感情确已破裂的若干具体意见》

　　人民法院审理离婚案件,准予或不准离婚应以夫妻感情是否确已破裂作为区分的界限。判断夫妻感情是否确已破裂,应当从婚姻基础、婚后感情、离婚原因、夫妻关系的现状和有无和好的可能等方面综合分析。根据婚姻法的有关规定和审判实践经验,凡属下列情形之一的,视为夫妻感情确已破裂。一方坚决要求离婚,经调解无效,可依法判决准予离婚。

　　1.一方患有法定禁止结婚的疾病,或一方有生理缺陷及其他原因不能发生性行为,且难以治愈的。

　　2.婚前缺乏了解,草率结婚,婚后未建立起夫妻感情,难以共同生活的。

　　3.婚前隐瞒了精神病,婚后经治不愈,或者婚前知道对方患有精神病而与其结婚,或一方在夫妻共同生活期间患精神病,久治不愈的。

　　4.一方欺骗对方,或者在结婚登记时弄虚作假,骗取结婚证的。

　　5.双方办理结婚登记后,未同居生活,无和好可能的。

　　6.包办、买卖婚姻,婚后一方随即提出离婚,或者虽共同生活多年,但确未建立起夫妻感情的。

　　7.因感情不和分居已满三年,确无和好可能的,或者经人民法院判决不准离婚后又分居满一年,互不履行夫妻义务的。

　　8.一方与他人通奸、非法同居,经教育仍无悔改表现,无过错一方起诉离婚,或者过错方起诉离婚,对方不同意离婚,经批评教育、处分,或在人民法院判决不准离婚后,过错方又起诉离婚,确无和好可能的。

　　9.一方重婚,对方提出离婚的。

10.一方好逸恶劳、有赌博等恶习,不履行家庭义务,屡教不改,夫妻难以共同生活的。

11.一方被依法判处长期徒刑,或其违法犯罪行为严重伤害夫妻感情的。

12.一方下落不明满两年,对方起诉离婚,经公告查找确无下落的。

13.受对方的虐待、遗弃,或者受对方亲属虐待,或虐待对方亲属,经教育不改,另一方不谅解的。

14.因其他原因导致夫妻感情确已破裂的。

附录五

# 最高人民法院《关于人民法院审理未办结婚登记而以夫妻名义同居生活案件的若干意见》

　　人民法院审理未办结婚登记而以夫妻名义同居生活的案件,应首先向双方当事人严肃指出其行为的违法性和危害性,并视其违法情节给予批评教育或民事制裁。但基于这类"婚姻"关系形成的原因和案件的具体情况复杂,为保护妇女和儿童的合法权益,有利于婚姻家庭关系的稳定,维护安定团结,在一定时期内,有条件地承认其事实婚姻关系,是符合实际的。为此,我们根据法律规定和审判实践经验,对此类案件的审理提出以下意见:

　　1.1986 年 3 月 15 日《婚姻登记办法》施行之前,未办结婚登记手续即以夫妻名义同居生活,群众也认为是夫妻关系的,一方向人民法院起诉"离婚",如起诉时双方均符合结婚的法院条件,可认定为事实婚姻关系;如起诉时一方或双方不符合结婚的法定条件,应认定非法同居关系。

　　2.1986 年 3 月 15 日《婚姻登记办法》施行之后,未办结婚登记手续即以夫妻名义同居生活,群众也认为是夫妻关系的,一方向人民法院起诉"离婚",如同居时双方均符合结婚的法定条件,可认定为事实婚姻关系;如同居时一方或双方不符合结婚的法定条件,应认定为非法同居关系。

　　3.自民政部新的婚姻登记管理条例施行之日起,未办结婚登记即以夫妻名义同居生活,按非法同居关系对待。

　　4.离婚后双方未再婚,未履行复婚登记手续,又以夫妻名义共同生活,一方起诉"离婚"的,一般应解除其非法同居关系。

　　5.已登记结婚的一方又与第三人形成事实婚姻关系,或事实婚姻关系的一方又与第三人登记结婚,或事实婚姻关系的一方又与第三人形成

新的事实婚姻关系,凡前一个婚姻关系的一方要求追究重婚罪的,无论其行为是否构成重婚罪,均应解除后一个婚姻关系。前一个婚姻关系的一方如要求处理离婚问题,应根据其婚姻关系的具体情况进行调解或者作出判决。

6.审理事实婚姻关系的离婚案件,应当先进行调解,经调解和好或撤诉的,确认婚姻关系有效,发给调解书或裁定书,经调解不能和好的,应调解或判决准予离婚。

7.未办结婚登记而以夫妻名义同居生活的男女,一方要求"离婚"或解除同居关系,经查确属非法同居关系的,应一律判决予以解除。

8.人民法院审理非法同居关系的案件,如涉及非婚生子女抚养和财产分割问题,应一并予以解决。具体分割财产时,应照顾妇女、儿童的利益,考虑财产的实际情况和双方的过错程度,妥善分割。

9.解除非法同居关系时,双方所生的非婚生子女,由哪一方抚养,双方协商,协商不成时,应根据子女的利益和双方的具体情况判决,哺乳期内的子女,原则上应由母方抚养,如父方条件好,母方同意,也可由父方抚养,子女为限制民事行为能力人的,应征求子女本人的意见,一方将未成年的子女送他人收养,须征得另一方的同意。

10.解除非法同居关系时,同居生活期间双方共同所得的收入和购置的财产,按一般共有财产处理,同居生活前,一方自愿赠送给对方的财物可比照赠予关系处理;一方向另一方索取的财物,可参照最高人民法院〔84〕法办字第112号《关于贯彻执行民事政策法律若干问题的意见》第(18)条规定的精神处理。

11.解除非示同居关系时,同居期间为共同生产、生活而形成的债权、债务,可按共同债权、债务处理。

12.解除非法同居关系时,一方在共同生活期间患有严重疾病未治愈的,分割财产时,应予适当照顾,或者由另一方给予一次性的经济帮助。

13.同居生活期间一方死亡,另一方要求继承死者遗产,如认定事实婚姻关系的,可以配偶身份按继承法的有关规定处理;如认定非法同居关系,而又符合《继承法》第十四条规定的,可根据相互扶助的具体情况处理。

14.人民法院在审理未办结婚登记而以夫妻名义同居生活的案件时,对违法情节严重,应按照《婚姻法》《民法通则》《关于贯彻执行〈民法通则〉若干问题的意见》和其他法律、法规的有关规定,给予适当的民事制裁。

15.本意见自颁布之日起施行。凡最高人民法院过去的规定与本意见相抵触的,均按本意见执行。

**附录六**

# 军队贯彻实施
# 《中华人民共和国婚姻法》若干问题的规定

    2001 年 4 月 28 日,第九届全国人民代表大会常务委员会第二十一次会议通过了《关于修改〈中华人民共和国婚姻法〉的决定》。贯彻实施修改后的《中华人民共和国婚姻法》(以下简称《婚姻法》),对于更好地维护平等、和睦、文明的婚姻家庭关系,保障公民在婚姻家庭中的合法权益,推动社会主义精神文明和物质文明建设,具有重要意义。为巩固国防,促进我军革命化、现代化、正规化建设,保持部队纯洁稳定,提高战斗力,增强军政军民团结,现对军队贯彻实施《婚姻法》的有关问题作如下规定:

    一、现役军人在处理婚姻关系上,应当模范遵守《婚姻法》,尊重社会公德,不得未婚同居,不得发生婚外性关系。

    军队提倡和鼓励晚婚。男军人二十五周岁、女军人二十三周岁以上初婚的为晚婚。

    二、现役军人应当慎重地选择恋爱对象,军官和文职干部确定恋爱关系后,应当主动向所在单位党组织报告,由团级以上单位政治机关对其恋爱对象进行政治审查。

    三、现役军人的配偶,应当是政治可靠、思想进步、品行端正的中华人民共和国公民。舰艇、空勤人员和从事机密工作人员的配偶,还应当无复杂的社会关系。

    现役军人一律不准与外国公民结婚,原则上也不得与香港、澳门特别行政区和台湾地区的居民结婚。

    现役军人不得与虽具有中国国籍但居住在外国或港澳台地区从事或参与危害国家安全、破坏国家社会主义建设活动的人员结婚;原则上也不得与此类人员的直系亲属结婚,但现役军人恋爱对象本现实表现良好、政治上确无问题的可酌情允许结婚。

四、义务兵一律不准在部队内部或驻地找对象,服现役期内不得结婚。

五、士官原则上不得在部队驻地或本部队内部找对象结婚。

孤儿、伤残人员和个别年龄超过三十周岁回原籍找对象确有困难的士官,要求在部队驻地找对象的,应当从严掌握,由军级以上单位政治机关批准。

在边疆国境县(市)、沙漠区、国家划定的边远地区中的三类地区和总部确定的一、二类岛屿部队服役的个别中级以上士官,本人提出在部队驻地找对象的,必须符合当地民族政策,由团级以上单位政治机关与当地县级人民政府民政部门协商同意,经师级以上单位政治机关批准,并签订转业军人就地安置协议书的,方可允许在部队驻地找对象结婚。

六、军队院校生干部学员,在校学习期间不得结婚。

七、军队管理的离退休干部、从事机密工作的军队职工的结婚问题,按照对现役军人的规定执行。

八、现役军人申请结婚由部队团级以上单位政治机关负责审批。

营职、专业技术十级以下军官和职级相当的文职干部,士官,军队正式职工申请结婚的,由团级单位政治机关审批;团职、专业技术九级以上军官和职级相当的文职干部申请结婚的,由其所在单位的上一级政治机关审批;大军区副职以上军官申请结婚的,由总政治部审批。

九、现役军人结婚须提前一个月向所在单位党组织或政治机关提出书面申请,经审查同意后,填写《申请结婚报告表》作为归档材料;由政治机关出具《婚姻状况证明》,作为登记结婚的依据。

十、汉族军人要求与习惯上不同汉族通婚的少数民族公民结婚,一般应说服双方放弃此种婚姻。如双方坚持结婚,并取得少数民族一方家长的同意,可允许结婚。

十一、现役军人离婚,应当严肃慎重,不得违反国家的法律法规和军队的纪律,不违背社会公德。

双方均为现役军人,双方自愿离婚或一方要求离婚的,当事人所在部队领导或政治机关应当进行调解;调解无效,并符合《婚姻法》规定的

离婚条件的,由政治机关出具证明后,方可到婚姻登记机关申请离婚或向法院提出离婚诉讼。

配偶是地方人员,军人一方要求离婚的,所在部队政治机关领导应当视情进行调解;符合《婚姻法》规定的离婚条件,并经对方同意,政治机关方可出具证明同意离婚;如军人一方坚持离婚,对方坚决不同意离婚的,部队可商请对方所在单位或地方有关部门进行调解,调解无效的,政治机关出具证明,由当事人向法院提出离婚诉讼。

配偶是地方人员,配偶一方要求离婚,军人一方同意离婚的,政治机关可出具证明同意离婚;军人一方不同意离婚的,政治机关不得出具证明,但经政治机关查实军人一方确有重大过错的除外。

十二、现役军人申请离婚的审批程序、权限与申请结婚的相同。团级以上单位政治机关出具同意离婚的证明时,应要求离婚双方签字或提供本人书面意见。申请再婚、复婚的,须持离婚证件。

十三、军队各级党组织和政治机关负有管理本单位军人婚姻的责任。对军人结婚、离婚有审查、调解和出具证明等权利和义务。对有弄虚作假、欺骗组织以及其他违反本规定行为的,应教育批评,督促改正;情节严重的,视情给予党纪政纪处分。

对军人的婚姻纠纷,军队各级法律服务部门和律师应及时提供法律服务,积极维护军人合法权益。对破坏军婚构成犯罪的行为人,军队有关部门应协助地方司法机关依法追究刑事责任。

十四、海军、空军、第二炮兵和总参谋部、总装备部政治部可根据本规定制定从事机密工作人员婚姻管理的实施细则,并报总政治部备案。

十五、本规定适用于中国人民武装警察部队。

十六、本规定由总政治部组织部负责解释,自 2001 年 11 月 9 日起施行。1980 年 12 月 29 日下发的《总政治部关于军队贯彻执行〈中华人民共和国婚姻法〉的暂行规定》即行废止。

附录七

# 婚姻登记条例(全文)

## 第一章　总　则

**第一条**　为了规范婚姻登记工作,保障婚姻自由、一夫一妻、男女平等的婚姻制度的实施,保护婚姻当事人的合法权益,根据《中华人民共和国婚姻法》(以下简称《婚姻法》),制定本条例。

**第二条**　内地居民办理婚姻登记的机关是县级人民政府民政部门或者乡(镇)人民政府,省、自治区、直辖市人民政府可以按照便民原则确定农村居民办理婚姻登记的具体机关。

中国公民同外国人,内地居民同香港特别行政区居民(以下简称"香港居民")、澳门特别行政区居民(以下简称"澳门居民")、台湾地区居民(以下简称"台湾居民")、华侨办理婚姻登记的机关是省、自治区、直辖市人民政府民政部门或者省、自治区、直辖市人民政府民政部门确定的机关。

**第三条**　婚姻登记机关的婚姻登记员应当接受婚姻登记业务培训,经考核合格,方可从事婚姻登记工作。

婚姻登记机关办理婚姻登记,除按收费标准向当事人收取工本费外,不得收取其他费用或者附加其他义务。

## 第二章　结婚登记

**第四条**　内地居民结婚,男女双方应当共同到一方当事人常住户口

所在地的婚姻登记机关办理结婚登记。

中国公民同外国人在中国内地结婚的,内地居民同香港居民、澳门居民、台湾居民、华侨在中国内地结婚的,男女双方应当共同到内地居民常住户口所在地的婚姻登记机关办理结婚登记。

**第五条** 办理结婚登记的内地居民应当出具下列证件和证明材料:

(一)本人的户口簿、身份证;

(二)本人无配偶以及与对方当事人没有直系血亲和三代以内旁系血亲关系的签字声明。

办理结婚登记的香港居民、澳门居民、台湾居民应当出具下列证件和证明材料:

(一)本人的有效通行证、身份证;

(二)经居住地公证机构公证的本人无配偶以及与对方当事人没有直系血亲和三代以内旁系血亲关系的声明。

办理结婚登记的华侨应当出具下列证件和证明材料:

(一)本人的有效护照;

(二)居住国公证机构或者有权机关出具的、经中华人民共和国驻该国使(领)馆认证的本人无配偶以及与对方当事人没有直系血亲和三代以内旁系血亲关系的证明,或者中华人民共和国驻该国使(领)馆出具的本人无配偶以及与对方当事人没有直系血亲和三代以内旁系血亲关系的证明。

办理结婚登记的外国人应当出具下列证件和证明材料:

(一)本人的有效护照或者其他有效的国际旅行证件;

(二)所在国公证机构或者有权机关出具的、经中华人民共和国驻该国使(领)馆认证或者该国驻华使(领)馆认证的本人无配偶的证明,或者所在国驻华使(领)馆出具的本人无配偶的证明。

**第六条** 办理结婚登记的当事人有下列情形之一的,婚姻登记机关不予登记:

(一)未到法定结婚年龄的;

(二)非双方自愿的;

(三)一方或者双方已有配偶的;

(四)属于直系血亲或者三代以内旁系血亲的;

（五）患有医学上认为不应当结婚的疾病的。

**第七条**　婚姻登记机关应当对结婚登记当事人出具的证件、证明材料进行审查并询问相关情况。对当事人符合结婚条件的，应当当场予以登记，发给结婚证；对当事人不符合结婚条件不予登记的，应当向当事人说明理由。

**第八条**　男女双方补办结婚登记的，适用本条例结婚登记的规定。

**第九条**　因胁迫结婚的，受胁迫的当事人依据《婚姻法》第十一条的规定向婚姻登记机关请求撤销其婚姻的，应当出具下列证明材料：

（一）本人的身份证、结婚证；

（二）能够证明受胁迫结婚的证明材料。

婚姻登记机关经审查认为受胁迫结婚的情况属实且不涉及子女抚养、财产及债务问题的，应当撤销该婚姻，宣告结婚证作废。

# 第三章　离婚登记

**第十条**　内地居民自愿离婚的，男女双方应当共同到一方当事人常住户口所在地的婚姻登记机关办理离婚登记。

中国公民同外国人在中国内地自愿离婚的，内地居民同香港居民、澳门居民、台湾居民、华侨在中国内地自愿离婚的，男女双方应当共同到内地居民常住户口所在地的婚姻登记机关办理离婚登记。

**第十一条**　办理离婚登记的内地居民应当出具下列证件和证明材料：

（一）本人的户口簿、身份证；

（二）本人的结婚证；

（三）双方当事人共同签署的离婚协议书。

办理离婚登记的香港居民、澳门居民、台湾居民、华侨、外国人除应当出具前款第（二）项、第（三）项规定的证件、证明材料外，香港居民、澳门居民、台湾居民还应当出具本人的有效通行证、身份证，华侨、外国人还应当出具本人的有效护照或者其他有效国际旅行证件。

离婚协议书应当载明双方当事人自愿离婚的意思表示以及对子女抚养、财产及债务处理等事项协商一致的意见。

第十二条　办理离婚登记的当事人有下列情形之一的,婚姻登记机关不予受理:

(一)未达成离婚协议的;

(二)属于无民事行为能力人或者限制民事行为能力人的;

(三)其结婚登记不是在中国内地办理的。

第十三条　婚姻登记机关应当对离婚登记当事人出具的证件、证明材料进行审查并询问相关情况。对当事人确属自愿离婚,并已对子女抚养、财产、债务等问题达成一致处理意见的,应当当场予以登记,发给离婚证。

第十四条　离婚的男女双方自愿恢复夫妻关系的,应当到婚姻登记机关办理复婚登记。复婚登记适用本条例结婚登记的规定。

## 第四章　登记档案和登记证

第十五条　婚姻登记机关应当建立婚姻登记档案。婚姻登记档案应当长期保管。具体管理办法由国务院民政部门会同国家档案管理部门规定。

第十六条　婚姻登记机关收到人民法院宣告婚姻无效或者撤销婚姻的判决书副本后,应当将该判决书副本收入当事人的婚姻登记档案。

第十七条　结婚证、离婚证遗失或者损毁的,当事人可以持户口簿、身份证向原办理婚姻登记的机关或者一方当事人常住户口所在地的婚姻登记机关申请补领。婚姻登记机关对当事人的婚姻登记档案进行查证,确认属实的,应当为当事人补发结婚证、离婚证。

## 第五章　罚则

第十八条　婚姻登记机关及其婚姻登记员有下列行为之一的,对直接负责的主管人员和其他直接责任人员依法给予行政处分:

(一)为不符合婚姻登记条件的当事人办理婚姻登记的;

(二)玩忽职守造成婚姻登记档案损失的;

(三)办理婚姻登记或者补发结婚证、离婚证超过收费标准收取费用的。

违反前款第(三)项规定收取的费用,应当退还当事人。

# 第六章　附则

**第十九条**　中华人民共和国驻外使(领)馆可以依照本条例的有关规定,为男女双方均居住于驻在国的中国公民办理婚姻登记。

**第二十条**　本条例规定的婚姻登记证由国务院民政部门规定式样并监制。

**第二十一条**　当事人办理婚姻登记或者补领结婚证、离婚证应当交纳工本费。工本费的收费标准由国务院价格主管部门会同国务院财政部门规定并公布。

**第二十二条**　本条例自 2003 年 10 月 1 日起施行。1994 年 1 月 12 日国务院批准、1994 年 2 月 1 日民政部发布的《婚姻登记管理条例》同时废止。